LEONAM LIZIERO

Doutor em Teoria e Filosofia do Direito pela UERJ. Pós-Doutorado em
Direito pela UFRJ. Professor Visitante do Programa de Pós-Graduação
em Ciências Jurídicas da Universidade Federal da Paraíba –
PPGCJ/UFPB e da graduação em Direito do DCJ/UFPB.

LEVANDO *KELSEN* A SÉRIO

EDITORA MERAKI

ISBN: 978-10-997-9926-6

Acompanhamento editorial Leonam Liziero
Capa Brenda Santos

Editora Meraki

Conselho Editorial
Alexandre Walmott Borges (UFU)
Alessandra Silveira (UMinho)
Ari Marcelo Solon (USP)
Dawid Bunikowski (UEF)
Diva Julia Safe Coelho (PNPD-CAPES/UFU)
Felipe Magalhães Bambirra (UniALFA)
Gonçal Mayos (UB)
José Carlos Remotti (UAB)
Osvaldo Alves de Castro Filho (UFMS)
Saulo Pinto Coelho (UFG)

L789 Liziero, Leonam, 1987 –

     Levando Kelsen a sério / Leonam Liziero. Andradina: Meraki, 2019.

     ISBN 978-10-997-9926-6

     1. Teoria do Direito 2. Kelsen, Hans, 1881-1973.

     CDU - 340.12   CDD - 340.12

Para Leônidas e Brenda

ÍNDICE

PREFÁCIO
NEM COM KELSEN, NEM CONTRA KELSEN

Quando criticamos um pensamento presente, futuro ou pretérito, temos como norte que se erigiu naquele momento uma forma de expor um pensar a ponto de os olhares volverem-se de maneira uníssona a ver o novo, concordando ou discordando.

Ao menos focalizamos, nossas retinas e reflexões, cansadas em repetições de ideias, em especial no direito tão manualesco que se desvela no dia a dia, com rebaixamentos teóricos e vocabulários cada dia menos técnicos, em uma obra original que desloca o pensar, que apresenta e movimenta uma leitura inédita da obra kelseniana.

Temos aqui Hans Kelsen, um pensador do direito que consegue mover e remover a ciência jurídica com substância até os dias de hoje. Parafraseando Bobbio, em sua obra "Nem com Marx, nem contra Marx", podemos considerar que o direito possui seu teórico ocidental marcante do pensar contemporâneo e a obra em prefácio merece ser rebatizada com o nome de "Nem com Kelsen, nem contra Kelsen".

O austríaco merece destaque por diversos motivos, mas penso que sua obra merece aplausos sem qualquer embargo pela construção contínua e revisada título a título de seu pensamento jurídico.

Da obra que se erige de seus pensares no Círculo de Viena, a advocacia na defesa de Freud no caso de "charlatanismo" no exato momento em que as ciências e as novas ciências exigiam seus objetos delimitados de estudos, Kelsen marca a história da Teoria Geral do Direito não por sua crítica à justiça, nem por sua equivocada leitura, a nosso juízo, da justiça platônica, mas por posicionar o Direito como ciência autônoma no Século XX e pavimentar aos juristas um caminho sólido de estudos que seguem nos anos seguintes.

"Nem com Kelsen, nem contra Kelsen", nem somente com a norma ou a epistemologia, nem contra ambas. Que possamos nos unir à ontologia e à gnosiologia e expandir nossos horizontes, mas não sem antes ter a acuidade de entendermos verdadeiramente o que Kelsen quer dizer.

A obra cumpre um papel no Brasil e uma contribuição internacional típica daquilo que esperamos de pesquisadores sérios em nosso país.

Conheço Leonam Liziero desde a época do Mestrado, quando apresentava sua competência de pesquisa e posteriormente toda sua força de pesquisa e capacidade reflexiva em sua produção de doutorado, que aqui se apresentam alguns resultados nesse livro.

Não há dúvidas que o leitor de "Levando Kelsen a sério" posicionar-se-á em lugares melhores e mais amplos que os anteriores a leituras. Li e tenho a certeza que os que passarem pelas seguintes páginas sairão melhores e mais conhecedores da Teoria do Direito.

Em tempos de ausências, que esta obra preencha a lacuna verdadeira que tínhamos na necessidade de volvermos nosso olhar para o direito e compreender de verdade Kelsen pelas palavras de Leonam.

Alvaro de Azevedo Gonzaga

Professor do Programa de Pós-Graduação em Direito da PUC-SP. Livre-Docente em Filosofia do Direito pela PUC-SP. Pós-Doutorados em Direito pela Universidade de Coimbra e pela Universidade Clássica de Lisboa. Doutor, Mestre e graduado em Direito pela PUC-SP, graduado em Filosofia pela USP.

PALAVRAS DO AUTOR

Há alguns anos tenho a vontade de escrever um livro sobre o pensamento de Kelsen. Desde meu primeiro semestre na graduação em Direito (no já longínquo ano de 2006), Kelsen me fascina por diversos motivos. Talvez o principal deles foi a proposta de um modo de se pensar o Direito como ciência autônoma. Talvez não seja este o principal. Até hoje não sei quando comecei a ter fascínio pela Teoria do Direito, sobretudo em entender o positivismo jurídico. A *Teoria Pura do Direito* foi o segundo livro sobre Direito que comprei (o primeiro foi *O Caso dos Exploradores de Cavernas*). É difícil remar contra a corrente do obscurantismo no pensamento jurídico. Kelsen fez isso e eu, de certo modo, tento também.

Kelsen certamente, no campo jurídico, é o autor mais mal lido (ou pretensamente lido) e mais mal escrito no Brasil. Em parte, imagino ser por uma picardia em desmoralizar seu pensamento em prol de um inconsistente amálgama entre momento político e (não)teoria, o chamado "pós-positivismo". De fato, se a especulação "teórica" do "pós-positivismo" brasileiro é inútil no que propõe, é nefasta nos seus efeitos na prática jurídica. Em parte, imagino que seja falta de disposição em estudar a fonte. Muitas leituras, imagino eu, foram feitas por pessoas a livros escritos por autores que supostamente leram na fonte. Pelo nível de muitos manuais de IED disponíveis no mercado editorial brasileiro (alguns escritos por autores consagrados em outras áreas, mas sem pesquisa de grande relevo para Teoria do Direito), muitos alunos serão desde o começo da graduação obscurantizados por algo que não é correto. Se você, que lê agora estas palavras, já leu em algum lugar uma possível justificação do Nazismo pelo positivismo jurídico, leu um erro duplo. Associar o positivismo ao Nazismo é prova de falta de entendimento tanto sobre o que foi o Nazismo quanto falta de estudo suficiente acerca de positivismo jurídico.

Durante boa parte do meu curso, professores falavam em princípios sem fim, como se os proponentes de um novo modo de pensar o Direito, os "pós-positivistas", fossem heróis de cavalaria contra um grande mal que assolou o pensamento jurídico no Século XX, o positivismo jurídico. Pois bem: isto é um engodo. Os autodenominados "pós-positivistas" (no bizarro sentido que isso adquiriu no Brasil) são como Quixotes montados em Rocinantes atacando moinhos.

O Brasil, contudo, tem a sorte de ter pesquisadores empenhados em esclarecer a Teoria do Direito. Não digo no sentido de defenderem o positivismo jurídico (especialmente Kelsen) necessariamente, mas sim em estudá-lo e descrevê-lo do modo correto, com críticas honestas e bem fundamentadas. Há nomes no Brasil como os de Celso Campilongo, Marcelo Neves, Álvaro de Azevedo Gonzaga, Ari Marcelo Sólon, Dimitri Dimoulis, João Paulo Allain Teixeira, Rodrigo Valadão, Adrian Sgarbi, Renê Rodrigues, Newton Lima, Osvaldo Castro, Gabriel Nogueira Dias, Marcelo Porciúncula, Thiago Tannos, Rodrigo Garcia Cadore, Matheus Pelegrino e tantos outros que nos trazem leituras muito honestas sobre como pensar a Teoria do Direito com críticas devidas a Kelsen.

Esse livro é um singelo tributo à Kelsen. Busco explicar alguns conceitos básicos. Os dois primeiros capítulos são respostas à erros grosseiros sobre Kelsen que muito já li e já ouvi. Os outros dois, sobre o Estado e o Direito Internacional, buscam oferecer alguma sistematização ao pensamento kelseniano.

Utilizei versões originais de suas obras em alemão e em inglês, mas boa parte das referências optei pela tradução em português. Este livro foi escrito para leitores de Kelsen no Brasil (e outros países lusófonos, mas em especial o Brasil); portanto quero que o leitor possa conferir nos volumes publicados no Brasil o que fundamento. Quando há alguma discordância acerca de um termo a ser utilizado em português com a tradução, o leitor encontrará aqui o porquê (como no caso da *autotutela* no início do Capítulo 4). Busco também muitas vezes trazer algum termo importante da teoria de Kelsen entre parêntese no idioma original, ainda que esteja predominantemente utilizando as traduções para o português.

Meus sinceros agradecimentos e boa leitura!

Leonam Liziero

1
CONSTITUIÇÃO E NORMA FUNDAMENTAL: CONSTITUIÇÃO NÃO É NORMA FUNDAMENTAL

Uma das maiores confusões acerca da teoria de Kelsen que se ampliou pelo Brasil se refere à noção de Constituição. Compreender a Constituição no normativismo kelseniano também pressupõe o entendimento do conceito de norma fundamental (*Grundnorm*). E desde já é importante deixar algo claro, altamente confundido por alunos e professores no Brasil: Constituição não é norma fundamental; norma fundamental não é Constituição.

A propagação de que a Constituição seria a norma fundamental em Kelsen se relaciona com outro equívoco muito comum: a suposta e malfadada pirâmide de Kelsen. Pois bem, não há pirâmide de Kelsen. Kelsen não escreve nada acerca de pirâmide na *Teoria Pura do Direito* ou na *Teoria Geral do Direito e do Estado*, seus dois principais livros de teoria jurídica. É muito comum em aulas de Introdução ao Estudo do Direito ou Direito Constitucional professores desenharem em lousas uma pirâmide para explicar o escalonamento da teoria kelseniana. É um modo de se tentar explicar para principiantes, mas ainda assim é falho[1]. Todavia, a questão principal aqui não é pertinência da pirâmide em si para se explicar Kelsen (isso será retomado em outro momento) e sim o erro crasso que muito se difunde ao se tentar explicar Kelsen sobre a Constituição: identificá-la com o conceito de norma fundamental.

Dizer que Constituição é norma fundamental em Kelsen não pode ser nem ao menos considerada "uma visão alternativa" ou "outra interpretação". É errado[2]. E isso é propagado tanto por quem não leu Kelsen quanto por quem não leu com a devida atenção. Aliás, isso é algo bem explicito na teoria deste positivista. Não é preciso muito esforço para notar em uma primeira e preliminar leitura que Constituição e norma fundamental não são a mesma coisa.

Esse é um sério problema na compreensão da teoria do positivismo jurídico mais difundida no Brasil (e em boa parte do mundo). Agrava-se muito com aulas de Introdução ao Estudo do Direito ministradas por professores que não são estudiosos de Teoria do Direito e que não tiveram acesso ou não estudaram com maior cuidado positivismo jurídico, em especial a *Teoria Pura do Direito*. Logo, a compreensão do que seja norma fundamental é prejudicada, o que acaba repercutindo no entendimento acerca de Constituição. E esta deficiência logo no início do curso acaba afetando também o aprendizado da Teoria da Constituição.

Nesse capítulo será estudada a concepção de Constituição para Kelsen e sua implicação da compreensão também da norma fundamental. Além disso, o principal objetivo deste capítulo é deixar claro, límpido e indubitável que Constituição não é norma fundamental no normativismo kelseniano.

---

[1] Em *Rechtsgeschichte gegen Rechtsphilosophie* (1928), Kelsen comenta o erro no entendimento de suas ideias na representação de uma pirâmide, constante nos escritos de Ernst Schwind. Conferir em KELSEN, Hans. *Rechtsgeschichte gegen Rechtsphilosophie*. Wien: Verlag von Julius Springer, 1928.

[2] Kelsen deixa isso bem evidente em uma das notas de fim de texto: "A norma fundamental não está 'contida' numa ordem jurídica positiva, pois ela não é uma norma positiva, isto é, posta, mas uma norma pressuposta pelo pensamento jurídico". (KELSEN, Hans. *Teoria Pura do Direito*. Trad. João Baptista Machado. São Paulo: Martins Fontes, 2006, p. 418, nota 2 do Capítulo V).

1.1 O que é Constituição para Kelsen?

Kelsen trata sobre Constituição em diversos escritos. Para os propósitos deste capítulo, serão usados alguns estudos publicados em artigos e livros, em especial a *Teoria Geral do Direito e do Estado* e a *Teoria Pura do Direito*, além de alguns textos de *Jurisdição Constitucional*[3], em suas versões tanto em português quanto no idioma original.

Em *Teoria Pura do Direito* (*Reine Rechtslehre*) (a segunda edição, de 1960), Kelsen trata especialmente da Constituição no Capítulo V, ao explicar o porquê de o Direito ser uma ordem normativa de caráter dinâmico. A Constituição (*Verfassung*) é o primeiro tema no momento em que a obra trata da estrutura escalonada da ordem jurídica (lembrando que Kelsen não fala em pirâmide ou qualquer outra figura geométrica semelhante, meramente menciona que a relação entre norma que regulamenta a produção e a produzida "pode ser figurada pela imagem espacial da supra-infra-ordenação"[4]).

Ao se levar em conta apenas a ordem jurídica interna (*staatliche Rechtsordnung*), a Constituição "representa o escalão de Direito positivo mais elevado"[5]. Este é o primeiro aspecto da teoria kelseniana sobre a Constituição, apesar da obviedade aparente. Se a ordem jurídica é uma ordem escalonada (*Stufenbau verschiedener Schichten von Rechtsnormen*), a Constituição é a manifestação normativa de caráter mais elevado.

De modo preliminar, Kelsen observa que a Constituição pode ser compreendida em sentido material e formal. Apesar da diferença entre os sentidos de Constituição, não são excludentes. Deste modo, a depender as condições de cada ordem jurídica, é possível identificar uma Constituição em sentido formal e em sentido material, e neste,

---

3 Coletânea de textos de Kelsen publicados entre 1923 e 1942, compilados originalmente sob o título *La Giustizia Costituzionale* (1981)

4 KELSEN, Hans. *Teoria Pura do Direito*. Trad. João Baptista Machado. São Paulo: Martins Fontes, 2006, p. 247.

5 KELSEN, Hans. *Teoria Pura do Direito*. Trad. João Baptista Machado. São Paulo: Martins Fontes, 2006, p. 247.

a diferença entre Constituição "escrita" e Constituição não escrita, criada por via consuetudinária[6]. Se for produzida por um ato legislativo, condensada em um documento, será escrita. Em todo caso, uma Constituição material pode consistir parcialmente de normas escritas e de normas do direito criadas de modo consuetudinário[7].

A Constituição em sentido material "consiste nas regras que regulam a criação das normas jurídicas gerais, em particular a criação de estatutos"[8], ou ainda, "a norma ou as normas positivas através das quais é regulada a produção das normas jurídicas gerais"[9]. Neste sentido, a Constituição determina "sobretudo por meio de quais órgãos e através de quais processos as normas gerais devem ser criadas"[10].

Diferente da Constituição em sentido material, a Constituição em sentido formal é um documento que contém não apenas a regulamentação a produção de normas, mas também normas que trata de questões políticas essenciais. A Constituição em sentido formal, conforme as palavras de Kelsen, "é certo documento solene, um conjunto de normas jurídicas que pode ser modificado apenas com a observância de prescrições especiais cujo propósito é tornar mais difícil a modificação dessas normas"[11].

Já em 1928, Kelsen defendia que "somente a Constituição, no sentido estrito e próprio da palavra, está revestida desta forma especial; ou – como se tem o costume, se não a felicidade, de dizer – a Constituição no sentido material coincide com a Constituição no

---

[6] KELSEN, Hans. *Teoria Pura do Direito*. Trad. João Baptista Machado. São Paulo: Martins Fontes, 2006, p. 247.

[7] KELSEN, Hans. *Teoria Pura do Direito*. Trad. João Baptista Machado. São Paulo: Martins Fontes, 2006, p. 247.

[8] KELSEN, Hans. *Teoria Geral do Direito e do Estado*. Trad. Luís Carlos Borges. São Paulo: Martins Fontes, 2005, p. 182.

[9] KELSEN, Hans. *Teoria Pura do Direito*. Trad. João Baptista Machado. São Paulo: Martins Fontes, 2006, p. 247.

[10] KELSEN, Hans. *Teoria Geral do Direito e do Estado*. Trad. Luís Carlos Borges. São Paulo: Martins Fontes, 2005, p. 189.

[11] KELSEN, Hans. *Teoria Geral do Direito e do Estado*. Trad. Luís Carlos Borges. São Paulo: Martins Fontes, 2005, p. 182.

sentido formal"[12]. Além do mais, também a Constituição em sentido formal deve conter algum modo de diferenciação de modificação ou revogação dela própria que diferencie do processo legislativo de leis simples. Deste modo, em sentido formal a Constituição deve sempre estabelecer um processo legislativo de alteração dela própria mais rigoroso do que o do resto da legislação do País.

Também é interessante a colocação feita por Kelsen ao pensar a relação entre o sentido formal de Constituição e o caráter não escrito que algumas podem ter. Deixa bem claro que a Constituição de um Estado pode surgir na forma específica constitucional, ou seja, em normas que somente podem ser alteradas por um processo legislativo mais severo do que a legislação em geral, mas não tem que necessariamente ser assim[13]. Adverte, todavia, que apenas se o País tiver uma Constituição escrita será possível seu sentido formal[14].

Em Estados nos quais inexiste a ideia de Constituição escrita, ou mesmo quando nem sequer existia Constituição escrita, seu surgimento se deu pela via consuetudinária, como da Grã-Bretanha (usada por Kelsen como exemplo)[15]. Neste caso, normas de Constituição material (normas postas que regulam a produção de outras normas) podem ser revogadas ou modificadas por qualquer lei simples ou mesmo pelo próprio Direito consuetudinário[16]. A Constituição (neste caso apenas neste sentido material) "tem o caráter de Direito consuetudinário e, portanto, não existe nenhuma diferença entre leis constitucionais e ordinárias. A Constituição no sentido material do termo pode ser uma lei escrita ou não-escrita, pode ter o caráter de Direito estatutário ou consuetudinário"[17].

Um ponto importante então para deixar claro esta diferença entre

---

[12] KELSEN, Hans. *Jurisdição Constitucional.* Trad. Alexandre Krug et al. São Paulo: Martins Fontes, 2013, p. 131.

[13] KELSEN, Hans. *Teoria Pura do Direito.* Trad. João Baptista Machado. São Paulo: Martins Fontes, 2006, p. 248.

[14] KELSEN, Hans. *Teoria Geral do Direito e do Estado.* Trad. Luís Carlos Borges. São Paulo: Martins Fontes, 2005, p. 183.

[15] KELSEN, Hans. *Teoria Geral do Direito e do Estado.* Trad. Luís Carlos Borges. São Paulo: Martins Fontes, 2005, p. 183.

[16] KELSEN, Hans. *Teoria Pura do Direito.* Trad. João Baptista Machado. São Paulo: Martins Fontes, 2006, p. 249.

[17] KELSEN, Hans. *Teoria Geral do Direito e do Estado.* Trad. Luís Carlos Borges. São Paulo: Martins Fontes, 2005, p. 183.

sentidos formal e material da Constituição é a previsão de um processo legislativo mais rigoroso de modificação de si própria. Uma vez que a Constituição não pode ser modificada pelo costume ou por leis simples, ela é formal. Além disso, essa proteção contra a alteração de seu teor deve estar reduzida por escrito, portanto, se perfaz a necessidade de pensar a Constituição formal como escrita também.

É necessário também que a Constituição em sentido formal preveja um órgão responsável por modificá-la, ainda que possa ser o mesmo órgão legislativo competente para elaboração de leis normais. Todavia, as funções são diferentes. Um Parlamento nacional ao modificar o teor de uma Constituição em sentido formal (que previu este procedimento mais rigoroso de alteração dela própria) cumpre a função de "parlamento legislador da Constituição" (*verfassungsgesetzgebendes*)[18].

Kelsen também trata de uma questão interessante acerca de conteúdo da Constituição e limitações de sua alteração. De fato, é possível, em conformidade com a proposta epistemológica do normativismo, compreender a Constituição com qualquer conteúdo. Todavia, ao contrário do que turvamente se propaga sobre Kelsen, o conteúdo é importante sim para a compreensão da Constituição. Frases ditas como "para Kelsen não importa o conteúdo da Constituição, somente a forma" são erradas. Veja-se o porquê.

Ao regulamentar a produção de leis gerais, a Constituição também pode determinar o conteúdo das leis produzidas no futuro. Isto se dá de duas formas. A primeira é estabelecer a fixação de futuras leis (o que Kelsen considera problemático tecnicamente, já que não se relaciona facilmente a sanção à não realização de leis com determinado conteúdo). A segunda, porém, Kelsen considera mais eficaz: a Constituição pode excluir para o futuro leis de determinado conteúdo[19]. É neste aspecto que o conteúdo é também importante para compreender a ideia de Constituição no normativismo.

Quando as Constituições modernas trazem um rol de direitos e

---

[18] KELSEN, Hans. *Teoria Pura do Direito*. Trad. João Baptista Machado. São Paulo: Martins Fontes, 2006, p. 249.
[19] KELSEN, Hans. *Teoria Pura do Direito*. Trad. João Baptista Machado. São Paulo: Martins Fontes, 2006, p. 249.

garantias fundamentais, em sua essência, elas buscam impedir a existência de leis futuras cujo conteúdo seja contrário ao que é prescrito por tal rol. Assim, se direitos fundamentais representam uma limitação ao arbítrio do Estado, primordialmente são uma limitação ao seu poder de legiferação. Logo, o futuro que uma Constituição projeta para um Estado é um futuro desejavelmente sem leis que contrariem os próprios direitos que constitucionalmente são estabelecidos. E esta limitação se dá pelo conteúdo, não pela forma.

Ao tratar do conteúdo da Constituição em *Teoria Geral do Direito e do Estado*, Kelsen deixa evidente que o sentido material de Constituição não apenas determina os órgãos produtores de normas e o procedimento de legiferação, mas também, em certo aspecto, qual o conteúdo das leis futuras. Assim, a Constituição pode "determinar negativamente que as leis não devem ter certo conteúdo, por exemplo, que o parlamento não pode aprovar qualquer estatuto que restrinja a liberdade religiosa"[20].

Kelsen, ao tratar especificamente do conteúdo da Constituição no Capítulo II da segunda parte dessa obra, observa que as estipulações da Constituição referentes ao conteúdo futuro das leis podem ser tanto negativas (como visto no parágrafo acima) quanto positivas. Pode haver uma determinação prescrita pela Constituição de que o Legislativo deva regulamentar alguns de seus dispositivos ou ainda determinar que certas matérias sejam tratadas por leis futuras. Exemplifica com o previsto no Art. 121 da Constituição de Weimar (1919), que previa que, por meio da legislação (a ser emitida pelo Parlamento), deverá ser proporcionada a oportunidade de apoio físico, mental e social aos filhos ilegítimos da mesma forma que é dada aos filhos legítimos[21].

A vinculação de conteúdos de leis para o futuro, a depender de ser positivo (como uma obrigação do Estado em legislar tal conteúdo) ou negativo (proibição de legislar sobre algum conteúdo),

---

[20]KELSEN, Hans. *Teoria Geral do Direito e do Estado*. Trad. Luís Carlos Borges. São Paulo: Martins Fontes, 2005, p. 183.
[21] A previsão do original no texto da Constituição de Weimar, é: "Artikel 121 Den unehelichen Kindern sind durch die Gesetzgebung die gleichen Bedingungen für ihre leibliche, seelische und gesellschaftliche Entwicklung zu schaffen wie den ehelichen Kindern".

para Kelsen, teriam efeitos diferentes. Apenas a estipulação negativa teria efeitos jurídicos, uma vez que a inobservância ao legislar um conteúdo contrário ao que determina a Constituição acarreta uma inconstitucionalidade (que a própria Constituição traz mecanismos para solucionar). Segundo Kelsen (o livro foi publicado em 1945) a obrigatoriedade do condicionamento positivo de conteúdo futuro não seria "jurídico" pela dificuldade de formas de obrigar o Legislativo a emitir tal norma. Assim, "se o órgão legislativo, porém, deixar de emitir a lei prescrita pela Constituição, dificilmente será possível vincular consequências jurídicas a tal omissão"[22].

Para uma contextualização no caso brasileiro, a Constituição de 1988 oferece mecanismos para tentar vincular tais consequências jurídicas à omissão: o Mandado de Injunção e a Ação Direta de Inconstitucionalidade por Omissão. Ainda assim, em relação a esta última, a Lei n° 12.063/2009 não trouxe mecanismos de modo a obrigar (mediante previsão de sanções) o Poder Legislativo a legislar sobre a matéria da omissão em determinado prazo (art. 12-H da Lei n° 9.868/1999).

A estipulação negativa de conteúdos para o futuro (a proibição de legislação com matéria em contrariedade com o conteúdo da Constituição) tem, segundo Kelsen, diretamente efeitos jurídicos, uma vez que claramente é possível que o próprio texto constitucional preveja sanções para quando o Legislativo (ou o Executivo) emitir leis inconstitucionais.

É necessário que a Constituição (que precisam ser rígidas e também ter um sentido formal) em seu sentido material contenha como assegurar a observância de seus dispositivos para garantir a constitucionalidade das leis. É, para Kelsen, "um caso especial do problema mais geral de garantir que uma norma inferior esteja em conformidade com a norma superior que lhe determina a criação e o conteúdo"[23]. Há, deste modo, dois métodos de assegurar que a norma inferior esteja em concordância com a superior. Um deles é a aplicação de uma sanção pessoal ao órgão que cria uma norma

---

[22] KELSEN, Hans. *Teoria Geral do Direito e do Estado*. Trad. Luís Carlos Borges. São Paulo: Martins Fontes, 2005, p. 374.
[23] KELSEN, Hans. *Teoria Geral do Direito e do Estado*. Trad. Luís Carlos Borges. São Paulo: Martins Fontes, 2005, p. 380-381.

antijurídica. O outro é a abolição da lei declarada como inconstitucional mediante um procedimento para se por à prova sua adequação ou não com a Constituição[24]. Apesar de reconhecer que os dois métodos podem ser aplicados isoladamente ou simultaneamente, Kelsen observa que este último é aplicado quase que de modo exclusivo, uma vez que os membros do Poder Legislativo raramente são responsabilizados pela violação da Constituição pela aprovação de uma lei inconstitucional[25].

Dentro de sua teoria normativa como um todo, Kelsen explica que o dever ser não se mistura com o ser (descrito no Capítulo I de *Teoria Pura do Direito*). Não é porque o plano normativo determina que algo deva (ou não deva) ser assim, é que ela não acontecerá. O Direito se perfaz por relações de imputação, não de causalidade, como Kelsen explica de modo pormenorizado no Capítulo III de *Teoria Pura do Direito*. Assim, é necessária a previsão de mecanismos para assegurar a eficácia desta proibição de leis com conteúdo que infrinjam o que for materialmente determinado na Constituição. Como consta no parágrafo anterior, a eficácia pode ser consumada com a previsão de responsabilidade pessoalmente o órgão que emitiu uma lei violadora ou com a existência de se anular tal lei de algum modo[26], porém a forma mais comum de se garantir a eficácia da proibição de legislação infraconstitucional que contrariem conteúdo previsto na Constituição (como a previsão de direitos fundamentais) é um sistema de exame de constitucionalidade, que Kelsen também elabora, de modo a se coadunar com o que escreve acerca de Constituição.

Alguns textos fundamentais de Kelsen sobre o que no Brasil é conhecido como Controle de Constitucionalidade estão contidos no volume intitulado *Jurisdição Constitucional*. O último texto deste livro é a tradução de um artigo de Kelsen publicado em maio de 1942 sob o título *A comparative study of the Austrian and the American Contitution* no *Journal of Politics*. A este artigo Kelsen faz uma referência em *Teoria Geral do Direito e do Estado* ao expor as duas formas de controle

---

[24] KELSEN, Hans. *Teoria Geral do Direito e do Estado*. Trad. Luís Carlos Borges. São Paulo: Martins Fontes, 2005, p. 381.

[25] KELSEN, Hans. *Teoria Geral do Direito e do Estado*. Trad. Luís Carlos Borges. São Paulo: Martins Fontes, 2005, p. 381.

[26] KELSEN, Hans. *Teoria Pura do Direito*. Trad. João Baptista Machado. São Paulo: Martins Fontes, 2006, p. 249.

judicial de constitucionalidade: a) por todos os tribunais autorizado a examinar uma lei no caso concreto e que podem se recusar aplicar uma lei caso a julgue inconstitucional; b) por um órgão reservado, como uma suprema corte, autorizada a abolir a lei que julgar inconstitucional de modo geral, para todo os casos possíveis[27]. Respectivamente é o que no Brasil são denominados por controle difuso e controle concentrado de constitucionalidade. Nas duas formas o tribunal autorizado a abolir a lei (de modo geral ou individual) funciona como um legislador negativo[28]. Veja-se agora outro aspecto altamente incompreendido (e por que não, mais complexo) do que a noção de Constituição para Kelsen: a norma fundamental.

1.2 Norma fundamental é pressuposição lógico-transcendental

"A norma fundamental é vazia". Esta afirmação, propositalmente reducionista, servirá como uma linha geral desta explicação para deixar evidente o que, conforme tudo o que foi explicado sobre a ideia de Constituição no pensamento de Kelsen no tópico anterior, a mensagem primordial deste capítulo: norma fundamental não é Constituição; Constituição não é norma fundamental.

Para explicar o que é a norma fundamental (e sua formulação definitiva constante na segunda edição de *Teoria Pura do Direito* de 1960) é preciso esclarecer antes um problema de interpretação divulgado no Brasil acerca da concepção definitiva de norma fundamental. Há um entendimento de que a formulação definitiva está presente na obra póstuma *Teoria Geral das Normas*, cuja tradução foi publicada no Brasil em 1986 (originalmente editada pelo Instituto Hans Kelsen em alemão sob o título de *Allgemeine Theorie der Normen*, em 1979). Este entendimento, porém, é altamente controverso e passível de questionamento acerca da confiabilidade da fonte.

Teoria Geral das Normas é uma compilação de textos não

[27] KELSEN, Hans. *Teoria Geral do Direito e do Estado*. Trad. Luís Carlos Borges. São Paulo: Martins Fontes, 2005, p. 381-382.
[28] KELSEN, Hans. *Teoria Geral do Direito e do Estado*. Trad. Luís Carlos Borges. São Paulo: Martins Fontes, 2005, p. 382.

publicados por Kelsen em vida. Evidentemente, a dúvida que paira sobre a obra não é acerca da autoria. De fato, é muito improvável que não tenham sido escritos pelo próprio Kelsen. Todavia, como a própria introdução da edição alemã admite, não há datação dos textos publicados. Portanto, os textos foram compilados, mas não há prova até então de que aqueles textos apresentem a posição definitiva de Kelsen.

Se for possível falar em uma Ciência do Direito é preciso também pensar na obtenção do conhecimento de modo cientificamente apurável de seus pressupostos teóricos. Especialmente no caso de *Teoria Geral das Normas*, é expresso que sua posição sobre o que significa ser a *Grundnorm* é diferente do que foi apresentado na segunda edição de *Teoria Pura do Direito*. Todavia, para o estudo de Kelsen, enquanto autor, compreendo que não pode ser considerada pela ausência de confiabilidade na datação de quando o texto correspondente ao Capítulo 59 de *Teoria Geral das Normas* foi escrito.

Apenas a título de comparação, em 1968 Kelsen publica um artigo intitulado *Die Problematik der Reine Rechtslehre*, na *Österreichsche Zeitschrift für öffentliches Recht*. Neste trabalho, Kelsen busca debater argumentos apresentados em sua teoria em contraposição a Karl Leiminger, "desconhecido autor até então", que publicou um livro no qual faz ataques à Teoria Pura do Direito. O título do livro também é *Die Problematik der Reine Rechtslehre*.

Em seu artigo, Kelsen não faz menção alguma à alteração de sua posição acerca de norma fundamental constante na segunda edição de *Teoria Pura do Direito*. Ao contrário; a defende com veemência. O texto foi publicado quando Kelsen já contava com 86 anos, cinco anos antes de sua morte (19 de abril de 1973). Este é um argumento importante a favor de minha posição: dificilmente Kelsen, alguém tão enfático em defender seu ponto de vista, mudaria de posição com idade tão avançada de modo a retornar a uma ideia defendida antes de seus 40 anos.

A Introdução de *Teoria Geral das Normas*, escrita por Kurt Ringhofer e Robert Walter, traz também diversos apontamentos que colocam em dúvida a confiabilidade acerca da mudança de posição de Kelsen sobre a *Grundnorm*. Veja-se: após o falecimento de Kelsen, os escritos que viriam a formar a obra foram entregues pelos herdeiros a Rudolf A. Métall. Este, por sua vez, examinou e organizou os escritos. Após seu falecimento de Métall, em novembro de 1975, os escritos foram entregues aos cuidados do Hans Kelsen-Institut, que decidiu pela publicação do volume em 1979.

O manuscrito era apenas parcialmente datilografado. Havia também passagens escritas à mão, envolvendo referências, adaptações, intercalações, generalizadamente[29]. A classificação original do volume se dividia em 58 capítulos; os demais, esparsos, foram acrescidos. A polêmica acerca da mudança de posição de Kelsen sobre o caráter da *Grundnorm* está, como acima dito, no Capítulo 59.

A propósito aqui não é dar foco na ideia de norma fundamental que consta em neste Capítulo 59 (até porque defendemos aqui carecer de tanta credibilidade), mas é preciso fazer uma breve observação sobre o texto e, em seguida, partir para a análise da concepção de norma fundamental da *Teoria Pura do Direito*. Em determinado momento deste capítulo, Kelsen apresenta novamente o argumento de que a norma fundamental é o fundamento supremo de uma ordem normativa (item b). Na página 327 da edição brasileira de 1986, é apresentado, de modo resumido, no que consiste a norma fundamental. Em determinado momento o texto traz a seguinte passagem sobre o porquê as pessoas devem se comportar de acordo com o que determina o ato do legislador: "porque esse ato é autorizado por uma norma da Constituição, quer dizer, pelo sentido de um ato de vontade do emissor da Constituição. Esta, historicamente, é a primeira Constituição e pergunta-se por que o sentido subjetivo do ato emitente da Constituição é seu sentido objetivo"[30], ou em outras palavras, qual seria o fundamento desta norma. É uma passagem muito parecida em termos com o que consta na página 224 da *Teoria Pura do Direito* na edição brasileira (publicada 2006) e, em si, quer dizer a mesma coisa. Na página 227 Kelsen também deixa evidente a negação ao sentido subjetivo do ato de vontade do autor da Constituição: "apenas pode constatar que

---

[29] KELSEN, Hans. *Teoria Geral das Normas*. Tradução de José Florentino Duarte. Porto Alegre: Sergio Antonio Fabris Editor, 1986, p. XIV.

[30] KELSEN, Hans. *Teoria Geral das Normas*. Tradução de José Florentino Duarte. Porto Alegre: Sergio Antonio Fabris Editor, 1986, p.327.

esta norma é pressuposta como norma fundamental [...] na fundamentação da validade objetiva das normas jurídicas, e bem assim na interpretação de uma ordem coercitiva globalmente eficaz como um sistema de normas jurídicas objetivamente válidas"[31].

E seguida, a página 327 de *Teoria Geral das Normas* continua a explicar o que é a norma fundamental e o porquê se comportar conforme a Constituição: "porque, como jurista, se pressupõe que se deve conduzir como historicamente prescreve a primeira Constituição. Eis uma norma fundamental"[32]. E continua: "nasceu a primeira Constituição, historicamente pela via do Costume, é este Costume, mais corretamente: são as pessoas, cuja conduta institui, historicamente, o Costume producente da primeira Constituição, que são autorizadas pela norma fundamental"[33]. Compara-se com o que Kelsen diz em *Teoria Pura do Direito* sobre a norma fundamental: "é aquela norma que é pressuposta quando o costume, através do qual a Constituição surgiu, ou quando o ato constituinte (produtor da Constituição) posto conscientemente por determinados indivíduos são objetivamente interpretados como fatos produtores de normas"[34].

O que se percebe nestas comparações: o caminho do argumento de Kelsen nos dois textos é o mesmo. Se forem consultados outros textos dele sobre o assunto (ainda que a partir da publicação de *Teoria Geral do Direito e do Estado*, em 1945) a teor será muito parecido e se direcionam, de todo modo, ao entendimento de que a norma fundamental é hipotética-transcendental.

Até então, em *Teoria Geral das Normas*, apresenta reflexões parecidas com os outros textos de Kelsen (não posso falar em textos pretéritos porque não há datação de quando os trechos que formam o Capítulo 59 foram escritos). O problema aparece em si no tópico d, já na página 328: "A norma fundamental – uma norma fictícia".

---

[31] KELSEN, Hans. *Teoria Pura do Direito*. Trad. João Baptista Machado. São Paulo: Martins Fontes, 2006, p. 227.

[32] KELSEN, Hans. *Teoria Geral das Normas*. Tradução de José Florentino Duarte. Porto Alegre: Sergio Antonio Fabris Editor, 1986, p.327.

[33] KELSEN, Hans. *Teoria Geral das Normas*. Tradução de José Florentino Duarte. Porto Alegre: Sergio Antonio Fabris Editor, 1986, p.327.

[34] KELSEN, Hans. *Teoria Pura do Direito*. Trad. João Baptista Machado. São Paulo: Martins Fontes, 2006, p. 222.

Neste trecho de três parágrafos apenas, Kelsen faz alusão a Vaihinger acerca de sua concepção de ficção e de como a norma fundamental seria uma ficção[35].

No terceiro parágrafo, o texto consta expressamente (em português) que a norma fundamental "no sentido da vaihingeriana Filosofia do Como-Se não é hipótese – como eu mesmo, acidentalmente, a qualifiquei –, e sim uma ficção que se distingue de uma hipótese pelo fato de que é acompanhada pela consciência ou, então, deve ser acompanhada, porque a ela não corresponde a realidade"[36]. Estre trecho citado é bastante problemático por diversos motivos.

O primeiro, como dito anteriormente, não há prova de que tenha sido escrito nos últimos cinco anos de vida de Kelsen. O texto não tem datação alguma. O segundo é justamente os trechos anteriores ao tópico f. Como também acima demonstrado, a argumentação de Kelsen em *Teoria Geral das Normas* e em *Teoria Pura do Direito* é a mesma. Não parece muito crível, deste modo, que Kelsen tenha meramente mudado de entendimento e tenha negado o caráter hipotético da norma fundamental.

O problema seguinte está na tradução. O advérbio *gelegentlich* foi traduzido por "acidentalmente". A tradução também pode ser "ocasionalmente". Este ponto, em razão disso, sugere dois entendimentos imediatos além de meramente Kelsen ter mudado de opinião: (i) neste trecho de três parágrafos Kelsen estava apresentando como pensar a norma fundamental de acordo com a filosofia de Vaihinger e estava contrapondo a ficção de Vaihinger com sua concepção de hipótese e o texto estar incompleto; (ii) este trecho ter sido escrito em algum momento de transição de seu pensamento (como será explicado adiante) e, por entendimento do próprio Kelsen não publicar.

A tradução de *gelegentlich* por "acidentalmente", em uma primeira leitura. pode dar a ideia de que Kelsen teria supostamente reconhecido um erro e voltado atrás (a um entendimento que ele

---

[35] KELSEN, Hans. *Teoria Geral das Normas*. Tradução de José Florentino Duarte. Porto Alegre: Sergio Antonio Fabris Editor, 1986, p.328.
[36] KELSEN, Hans. *Teoria Geral das Normas*. Tradução de José Florentino Duarte. Porto Alegre: Sergio Antonio Fabris Editor, 1986, p.328.

tinha meio século antes de falecer). E de fato, é o que parece. Mas ainda que isso tenha ocorrido, não se pode afirmar que ocorreu nos seus últimos anos ou ainda, que ela tenha deixado uma obra-testamento com seu pensamento definitivo sobre norma fundamental. É uma questão historiográfica do pensamento de Kelsen. Somente se pode afirmar que houve uma "mudança de posição" com provas concretas e incontestáveis disso. E tais provas não existem.

Por tais razões, cientificamente, não parece correto considerar o Capítulo 59 de *Teoria Geral das Normas* como fonte fidedigna para estudo do conceito de norma fundamental de Kelsen.

Apesar das divisões existentes em alguns estudos sobre o desenvolvimento do pensamento de Kelsen, aqui serão demonstradas duas concepções diferentes e que se coadunam diretamente para o entendimento do porquê os escritos de *Teoria Geral das Normas* são controversos. Em contraste, pode-se pensar em duas grandes concepções de norma fundamental elaboradas por Kelsen: como ficção jurídica e como hipótese lógico-transcendental, esta última a posição defendida em *Teoria Geral do Direito e do Estado* de 1945 e na segunda edição de *Teoria Pura do Direito* de 1960. Esta última concepção é a que comprovadamente se pode afirmar ser a definitiva e acabada de Kelsen. A primeira, por sua vez, provém de sua juventude intelectual e que supostamente teria regressado em seu pensamento em *Teoria Geral das Normas*.

Há diferenças conceituais entre ficção e hipótese que ajudam a identificar a diferença nestas duas grandes concepções de norma fundamental. Incialmente é preciso deixar claro que a ficção se refere à certa contradição; a ficção lida com a realidade, mas não a descreve. Por sua vez a hipótese é um juízo que busca descrever a realidade de modo mais fiel possível.

A primeira fase do pensamento de Kelsen é bastante influenciada por Hans Vaihinger e sua filosofia do "Como-Se" (*Als Ob*). Vaihinger elabora um modelo de pensamento filosófico em *Die Philosophie des Als Ob* no qual os homens, impossibilitados de conhecer a realidade em si, emulam-na como uma estrutura de pensamento e que tal emulação poderia se combinar a esta realidade incognoscível[37].

Um texto que deixa evidente esta primeira fase do pensamento kelseniano é *Sobre a Teoria das Ficções Jurídicas* (*Zur Theorie der juristischen Fiktionen*). Neste texto, por clara influência de Vaihinger (e por que não, de Kant), já se encontra a ideia a ser posteriormente desenvolvida da diferença ôntica entre ser e dever ser[38].

A partir de 1923 é possível notar influências mais diretas de Hermann Cohen e sua abordagem filosófica de hipótese. No Prefácio de *Problemas Capitais de Teoria do Direito Público* (*Hauptprobleme der Staatsrechtslehre*), Kelsen deixa clara a referência influência de Hermann Cohen (e à Kant) na reformulação de algumas de suas ideias[39]. É possível, portanto, perceber um progresso gradual da concepção de *Grundnorm* em Kelsen: inicialmente concebida como uma ficção, é reformulada como uma hipótese[40].

O que se entende por hipótese nesse contexto? É uma questão interessante. Cohen entendia a possibilidade de validação objetiva de juízos científicos[41]. Hipótese, neste caso, com base na filosofia platônica, diz respeito à um conceito imune de experimentação; é, pois, uma pressuposição da qual prescinde qualquer juízo. Diferentemente de Platão, Cohen nega a natureza metafísica da hipótese. Deste modo, a hipótese é sempre transmutável.

---

[37] Ver VAIHINGER, Hans. *The Philosophy of "As if"*: A System of the Theoretical, Practical and Religious Fictions of Mankind. 2 ed. Translated by C.K.Ogden. London: Kegan Paul, Trench, Trubner & CO., Ltd, 1935, p. 85.

[38] KELSEN, Hans. Zur Theorie der juristischen Fiktionen. Mit besonderer Berücksichtigung von Vaihingers Philosophie des Als Ob. *Annalen der Philosophie*, 1. Bd, p. 630-658, 1919, p. 632.

[39] "...und den mir bis dahin nicht bekannten Aufstellung Cohens bestanden" (p. XVII). Conferir no Prefácio de KELSEN, Hans. *Hauptprobleme der Staatsrechtslehre*. Tübingen, J.C.B. Mohr, 1960 [1923].

[40] Conforme fica evidente na leitura da famosa carta escrita em 1933 por Kelsen dirigida a Renato Treves. Seu teor pode ser conferido em KELSEN, Hans. The Pure Theory of Law, 'Labandism', and Neo-Kantianism. A Letter to Renato Treves. PAULSON, Stanley L; PAULSON, Bonnie Litschewski (ed.). *Normativity and Norms*: Critical Perspectives on Kelsenian Themes. Oxford: Clarendon Press, 1998.

[41] EDEL, Geert. The Hypothesis of the Basic Norm: Hans Kelsen and Hermann Cohen. In: PAULSON, Stanley L; PAULSON, Bonnie Litschewski (ed.). *Normativity and Norms*: Critical Perspectives on Kelsenian Themes. Oxford: Clarendon Press, 1998, p. 205.

A hipótese, nesse sentido, é produto do pensamento que serve como fundamentação para uma cognição crítica. Não é possível, portanto, que haja uma autoridade que seja superior ao mais alto princípio lógico.

Com forte influência de Cohen, Kelsen reelabora seu entendimento acerca de norma fundamental (o que culminará posteriormente com sua concepção definitiva, que é a descrita na segunda edição de *Teoria Pura do Direito*). Contrariamente às teorias jusnaturalistas e às teorias até então tidas como juspositivistas, Kelsen concebe a norma fundamental como hipótese lógico transcendental. É uma hipótese, pois se trata de uma limitação epistemológica. É lógico-transcendental porque é um conceito apriorístico, que não depende de qualquer experiência. A norma fundamental funciona, assim, como uma negação à metafísica no fundamento do Direito.

O apriorismo da norma fundamental é uma questão interessante na qual se verifica a influência kantiana em Kelsen, em especial a *Crítica da Razão Pura (Kritik der reinen Vernunft)*. Segundo Kant[42], as categorias de sensibilidade (*Sinnlichkeit*) e entendimento (*Verstandesbegriffe*) são formas puras e tornam possível o conhecimento. A norma fundamental do direito, portanto dinâmica, é uma forma pura para a indeterminação dos conteúdos possíveis. Assim, não há um conteúdo deôntico determinado que fundamentaria uma ordem jurídica.

A norma fundamental tem a função de ser uma limitadora na cognição sobre o Direito ao que é dado pela experiência. Deste modo, o que torna possível o conhecimento do Direito é a norma fundamental porque é ela que torna possível a criação do Direito no âmbito epistemológico. Ao limitar o objeto (o Direito), a norma fundamental atribui uma idiossincrasia ao Direito que o permite o dever-ser (*Sollen*).

Veja-se como a construção epistemológica kelseniana se toma por base mais alguns aspectos da *Crítica da Razão Pura*. Segundo

---

[42] KANT, Immanuel. *Crítica da Razão Pura*. Trad. Valério Rohden e Udo Baldur Moosburger. São Paulo: Abril Cultural, 1983. Ver também o original em alemão KANT, Immanuel. *Kritik der reinen Vernunft*. Hamburg: Felix Meiner, 1956.

Kant, o conhecimento de um ser (*Sein*) incondicionado não é possível. Isto porque não há como conhecer uma coisa em si, apenas seu *Noumenon*[43].

Com base nestas premissas, de forte influência agora de Kant e Cohen, a norma fundamental se apresenta em uma nova formulação na primeira edição de *Teoria Pura do Direito*[44], publicada originalmente em 1934. Diferentemente da segunda edição, a mais conhecida no Brasil, a primeira edição era substancialmente menor em número de páginas e continha a disposição dos capítulos de modo diferente.

Expressamente, Kelsen pensa já em 1934 a norma fundamental como uma hipótese. Esta norma fundamental concede ao ato do primeiro legislador (*estern Gesetzgebers*) o sentido objetivo. Assim, todos os atos seguintes do ordenamento jurídico com base nesta norma fundamental, também recebem este sentido objetivo. A lei, neste raciocínio, seria a forma típica de representação deste sentido. A norma fundamental, assim, é inerente ao significado jurídico de toda ordem jurídica que constitui o sistema[45].

O foco nesta obra é a explicação da norma fundamental na segunda edição da *Teoria Pura do Direito* (1960), pelas razões explicadas acima. Também serão utilizadas algumas ideias de Kelsen em *Teoria Geral do Direito e do Estado*, uma vez que são obras em certa medida complementares em seu pensamento.

Incialmente é preciso deixar algo evidente (que também será

---

[43] "O conceito de *nooumenon*, isto é, de uma coisa que não deve ser absolutamente pensada como objeto dos sentidos, mas como coisa em si mesma (unicamente por um entendimento puro), não é de modo algum contraditório, pois não se pode afirmar que a sensibilidade seja o único modo possível de intuição. Tal conceito é, além disso, necessário para não estender a intuição sensível até as coisas em si mesmas e, portanto, para restringir a validez objetiva do conhecimento sensível". (KANT, Immanuel. *Crítica da Razão Pura*. Trad. Valério Rohden e Udo Baldur Moosburger. São Paulo: Abril Cultural, 1983, p. 160).

[44] KELSEN, Hans. *Reine Rechtslehre*: Einleitung in die rechtswissenschaftliche Problematik. Studienausgabeder 1. Auflage 1934. Tübingen: Mohr Siebeck, 2008. Ver também a edição de 1934 em língua espanhola: KELSEN, Hans. *Teoría Pura del Derecho*: Introducción a los problemas de la ciencia jurídica. Trad. Gregorio Robles y Félix F. Sánchez. Madrid: Editorial Trotta S.A, 2011.

[45] KELSEN, Hans. *Reine Rechtslehre*: Einleitung in die rechtswissenschaftliche Problematik. Studienausgabeder 1. Auflage 1934. Tübingen: Mohr Siebeck, 2008, p. 77.

explicado no Capítulo 4 desta obra): a autêntica norma fundamental, dentro da completude do sistema de pensamento kelseniano, é a norma fundamental do Direito Internacional[46]. A norma fundamental, enquanto hipótese para se pensar o Direito do Estado (ou Direito Nacional), é apenas um recurso epistemológico parcial para se compreender uma ordem parcial (o próprio Estado). Nas palavras de Kelsen, "a norma fundamental do ordenamento superior – como escalão máximo do ordenamento global – representa o último fundamento de validade de todas as normas – mesmo das dos ordenamentos inferiores"[47].

Deixada esta questão evidente, a primeira vez que Kelsen menciona a norma fundamental como pressuposição do pensamento jurídico em *Teoria Pura do Direito* é ainda no primeiro capítulo. Kelsen vai construindo sua argumentação gradativamente até o Capítulo V, *Dinâmica Jurídica*, no qual detalha de modo mais pormenorizado o que vem a ser a norma fundamental.

Em termos gerais, a norma fundamental, como acima dito, é uma pressuposição lógico-transcendental (*transzendental-logische Voraussetzung*), também caracterizada como hipotética. Novamente, que seu caráter hipotético se refere à uma limitação epistemológica para o conhecimento do fenômeno jurídico e, ao mesmo tempo, ser definida por lógico-transcendental dá à *Grundnorm* uma qualidade apriorística. E, nestes termos, ser apriorística é independer de qualquer experiência.

É, nesses termos, possível pensar na pressuposição da norma fundamental como hipótese para se evitar o regresso ao infinito na busca de fundamento de validade de qualquer ato que constitua uma norma. Da mesma forma, a norma fundamental funciona como um princípio lógico para se evitar a busca da validade na metafísica, como se nela houvesse quaisquer autoridades. Assim, a partir desta pressuposição, permite-se uma cadeia dedutiva de validade entre as normas que compõem um ordenamento.

E esta é uma questão importante: dentro da proposta

---

[46] KELSEN, Hans. *Teoria Geral do Direito e do Estado*. Trad. Luiz Carlos Borges. São Paulo: Martins Fontes, 2005, p. 177-178.
[47] KELSEN, Hans. *Teoria Pura do Direito*. Trad. João Baptista Machado. São Paulo: Martins Fontes, 2006, p. 369.

epistemológica da *Teoria Pura do Direito*, somente é possível compreender o Direito cientificamente com esta pressuposição no campo lógico. E, sendo um pressuposto lógico, a norma fundamental tem uma função essencial; não apenas conferir validade ao ordenamento, mas também ser uma condição de conhecimento para o jurista pensar o Direito. Assim, a norma fundamental possibilita que a consciência do sujeito apreenda cientificamente o Direito. Por isso, seu caráter é lógico-transcendental.

Há outro elemento igualmente importante para a pressuposição da norma fundamental: a eficácia (*Wirksamkeit*) do ordenamento que será objeto. Essa é outra questão: ainda que a norma fundamental seja apriorística, é preciso um pouco (ainda que bem pouco) de caráter empírico ao seu sistema de conhecimento científico. E a eficácia dá à epistemologia da *Teoria Pura do Direito* uma correspondência factual. Isso não significa uma dependência factual.

Haverá apenas a pressuposição de uma norma fundamental ao se estudar uma ordem jurídica que seja eficaz. Como amplamente explicado por Kelsen em seus textos (neste livro será tratado de modo mais bem detalhado no Capítulo 3), a eficácia é condição de validade, mas não se confunde com ela. Isso é algo importante a se esclarecer: para Kelsen a ordem jurídica (como um Estado) tem validade não em razão de sua eficácia, mas sim se for eficaz.

A norma fundamental, nesse sentido, pode ser compreendida como um princípio racional apriorístico no qual as normas de um sistema encontram sua condição pura de pertencimento.

Deste modo, a norma fundamental não é fonte de validade das normas numa ideia de razão prática – esta concepção entraria em conflito com a eficácia enquanto condição para se pensar o Direito. Se fosse uma razão prática, a norma fundamental deveria ter algum conteúdo. Todavia, a norma fundamental, como acima dito, é vazia. Ela possibilita sim um fundamento para se pensar o Direito autonomamente.

1.3 *Desuetudo*

A ordem jurídica, para ser conhecida e, consequentemente válida, precisa de ter sua eficácia observada. Todavia, esta eficácia não se refere a uma ou algumas normas. De fato, se uma norma perder sua eficácia, ela deixa de ser aplicada sem que isso comprometa a ordem jurídica como um todo. Deste modo, a eficácia necessária para a validade de uma ordem jurídica é a eficácia em uma consideração global. Assim, a ordem como um todo, em normalidade, deve ser eficaz[48].

A questão da eficácia também deve ser compreendida quando se tratar de uma norma específica. Se ela não for observada em casos particulares não necessariamente perderá sua validade. Todavia, não se pode considerar como válida uma norma jurídica que não é nunca aplicada ou mesmo observada por seus destinatários. Se uma norma qualquer for por longo tempo ignorada, sem eficácia, perderá sua validade por meio da *desuetudo*[49] ou *dessuetude*[50], na tradução para o português.

A *desuetudo*, termo usado inclusive no original em alemão de *Teoria Pura do Direito*, "é como um costume negativo cuja função essencial consiste em anular a validade de uma norma existente. Se o costume é em geral um fato gerador de Direito, então também o Direito estatuído (legislado) pode ser derrogado"[51]. Em *Teoria Geral do Direito e do Estado*, Kelsen apresenta uma definição parecida para o termo: "é o efeito jurídico negativo do costume. Uma norma pode ser anulada pelo costume, ou seja, por um costume contrário à norma, assim como pode ser criada pelo costume"[52].

A *desuetudo* tem como efeito direto a anulação de uma norma ao criar uma nova norma, assim como uma norma estatutária que é emitida com o único objetivo de revogar uma norma de mesmo tipo

---

[48] KELSEN, Hans. *Teoria Pura do Direito*. Trad. João Baptista Machado. São Paulo: Martins Fontes, 2006, p. 237.
[49] KELSEN, Hans. *Teoria Pura do Direito*. Trad. João Baptista Machado. São Paulo: Martins Fontes, 2006, p. 237.
[50] A edição brasileira de Teoria Geral do Direito e do Estado faz a opção pela tradução por dessuetude. Ver em KELSEN, Hans. *Teoria Geral do Direito e do Estado*. Trad. Luís Carlos Borges. São Paulo: Martins Fontes, 2005, p. 174.
[51] KELSEN, Hans. *Teoria Pura do Direito*. Trad. João Baptista Machado. São Paulo: Martins Fontes, 2006, p. 237.
[52] KELSEN, Hans. *Teoria Geral do Direito e do Estado*. Trad. Luís Carlos Borges. São Paulo: Martins Fontes, 2005, p. 174.

anteriormente vigente. É uma questão intrigante – e que de certo modo se relaciona com as básicas lições do início do curso de Direito – se um costume pode invalidar uma norma emitida por via legislativa (em um sentido amplo). Kelsen é expresso em admitir que "qualquer norma jurídica, mesmo uma norma estatutária, pode perder sua validade por dessuetude"[53].

Veja-se: o costume é fato gerador do Direito e, em razão disso, pode derrogar o Direito legislado[54]. A eficácia é condição de validade para as normas jurídicas, portanto, não é possível se pensar em excluir a geração do Direito por via consuetudinária na medida em que a *desuetudo* tem sua função negativa.

Não se pode, ainda assim, identificar validade e eficácia. A norma que for anulada por via de *desuetudo* em algum momento foi válida, ainda que não eficaz. O que põe fim à validade, neste caso, é a ausência de eficácia de modo contínuo.

---

[53] KELSEN, Hans. *Teoria Geral do Direito e do Estado*. Trad. Luís Carlos Borges. São Paulo: Martins Fontes, 2005, p. 174.
[54] KELSEN, Hans. *Teoria Pura do Direito*. Trad. João Baptista Machado. São Paulo: Martins Fontes, 2006, p. 237.

2
INTERPRETAÇÃO EM KELSEN: O
NORMATIVISMO NÃO É LEGALISMO

No início do Século XX, a análise do direito enquanto objeto de conhecimento era de extrema influência de inúmeras áreas das ciências sociais - psicologia, economia, sociologia. Kelsen teve como objetivo estabelecer um método para o direito tão rígido quanto como os das ciências naturais, utilizando-se do rigor científico e repudiando qualquer ideologia, uma vez que haveria evidente contaminação do objeto.

Será visto brevemente como a noção de discricionariedade na aplicação do direito se desenvolveu em teorias do Séc. XIX que colocaram o jusnaturalismo em crise, desde a Escola de Exegese, passando pelo o positivismo de Austin e as influências provindas de Bentham, a jurisprudência de interesses na Alemanha e o Movimento do Direito Livre.

Em seguida, entra-se na análise da interpretação em Kelsen. Será analisada a noção de indeterminação do ato na aplicação. Analisar-se-á as possiblidades de aplicação do direito, que na interpretação é visto como uma moldura dentro da qual o ato deve ser criado. Deste modo, torna-se possível mais de uma interpretação correta para a mesma norma. Como resultado, quando a interpretação é realizada por uma autoridade no exercício de sua função, uma nova norma é criada.

Essa nova norma é o resultado de um ato de vontade resultante da interpretação, uma vez que dentre as possíveis, o aplicador escolhe uma delas. Neste ponto a discricionariedade se faz como um elemento essencial para a compreensão da teoria kelseniana. Por fim, dá-se atenção à interpretação não-autêntica, que resulta em ato de conhecimento e produz a ciência do direito. Neste momento, resgata-se a distinção entre direito e ciência do direito, que Kelsen descreve no Capítulo III da Teoria Pura do Direito.

2.1 Antes de Kelsen

O surgimento do normativismo de Kelsen no Séc. XX, que é uma confluência do positivismo até então existente e do neokantismo, encontra raízes em diversos movimentos teóricos do Séc. XIX. Pode-se atribuir a Auguste Comte (1798-1857) a difusão do denominado positivismo clássico ou sociológico[55]. De acordo com Comte, o conhecimento humano, superadas as fases religiosa e metafísica, se concentra na fase positiva, com a exportação de conceitos das ciências naturais para as ciências sociais.

Para Comte, o Direito tem como objeto de estudo não das normas, mas do comportamento dos legisladores e dos juízes. A razão para tal objeto é a concepção de que o positivismo deve se ater apenas na experiência.

Os juízos de valor são movidos para a esfera da irracionalidade, não podendo ser conhecidos cientificamente. Tem-se, portanto, um relativismo para os valores no direito. Deste modo, seria irracional qualquer tentativa de demonstrar de maneira científica o que seria bom e o que seria mal como conteúdo do direito.

A crise do jusnaturalismo e a consequente emergência do positivismo jurídico no Séc. XIX podem ser vistas em três direções, que refletirão diretamente na forma como o Direito deveria ser aplicado. Ainda que não necessariamente as três se relacionem

---

[55] LOSANO, Mario G. *Sistema e Estrutura no Direito*. Vol.2: O Século XX. Tradução de Luca Lamberti. São Paulo: Martins Fontes, 2010, p. 28.

diretamente com o normativismo kelseniano, é preciso realizar uma certa contextualização. Neste sentido, "essas teorias também são desenvolvidas com uma orientação ideológica que condiciona o conhecimento, mas no momento em que foram desenvolvidas representaram importante etapa para a desmistificação na compreensão do fenômeno jurídico"[56].

O primeiro destes movimentos é a Escola de Exegese, que se desenvolveu no Séc. XIX, iniciada na França, a partir do movimento de codificação do Código de Napoleão. São fundamentos da Escola de Exegese[57]: (i) a partir dos códigos houve grande detalhamento da legislação, o que quase não tornava possível a existências de lacunas; (ii) se houvesse lacuna, o recurso da analogia deveria ser o utilizado pelo intérprete; (iii) a interpretação da lei objetiva encontrar a vontade do legislador.

Desse modo, a atividade do intérprete é restrita à ao texto da lei, sendo-lhe vedado buscar diretrizes hermenêuticas além dele. Partindo-se da ideia de que o texto da lei contém todo o direito, a interpretação deve considerar que a lei escrita é o produto perfeitamente acabado do direito a ser revelado[58]. A Escola de Exegese se desenvolveu em três fases distintas a partir da França: a primeira da promulgação do Código Civil de 1804 a 1830 ou 1840; a segunda, na qual conheceu seu apogeu, perdurou até 1880; e a terceira, a fase de declínio, se encerrou em 1899[59].

A restrição ao trabalho interpretativo dos textos legais foi uma derivação do pressuposto de rigidez na separação dos poderes do

[56] LIZIERO, Leonam Baesso da Silva. O mundo assombrado pelo jusnaturalismo – Parte I: o positivismo como uma vela acesa no escuro. In: DANNER, Leno Francisco; OLIVEIRA, Marcus Vinicius Xavier de. *Filosofia do Direito e Contemporaneidade*. Porto Alegre: Fi, 2015, p. 326.

[57] LIMA, Iara Menezes. Escola de Exegese. *Revista Brasileira de Estudos Políticos*. v.97, p.105-122, 2008, p. 111.

[58] Em conformidade com esta ideia, explica Bergel (2006, p.326) que "partindo do postulado de que tudo está, ao menos implicitamente, na lei, considerava que o intérprete só tem o poder de lhe escrutar o texto para nele descobrir o pensamento do legislador".

[59] PERELMAN, Chaim. *Lógica Jurídica:* a Nova Retórica. Tradução de Virgínia K. Puppi. São Paulo: Martins Fontes, 1998, p. 31.

Estado, preconizado pela ideologia liberal herdada do Séc. XVIII[60]. Neste sentido, para a Escola de Exegese, deve o juiz se conformar com o sentido dado à norma pelo legislador, com a presunção da vontade do corpo legislativo, quaisquer que forem suas consequências. O papel do juiz estava reduzido a dar sua sentença em conformidade com a lei, sem se importar com o caráter justo ou injusto da decisão. A lei assumia assim um caráter quase mistificado, de expressão da soberania nacional. Como um porta-voz da lei, apenas nela os juízes deveriam buscar as soluções possíveis.

Conforme explica Perelman, a existência de antinomias e lacunas, restando ao juiz a função de as resolver, enfraquecendo aos poucos na França e nos países de sua grande influência, como a Bélgica, os postulados da Escola de Exegese. Deste modo, "utilizarão as técnicas de qualificação e de interpretação, as antinomias e as lacunas, na doutrina e na jurisprudência, para ampliar o papel do juiz e emancipá-lo progressivamente da tutela do legislador"[61].

O segundo movimento tem início na Inglaterra com o utilitarismo de Jeremy Bentham (1748-1832), que propôs uma doutrina jurídica da sobreposição da legislação à Common Law. Bentham busca conceber uma ciência do direito autônoma em relação às outras ciências, uma vez que partia do pressuposto de que o direito era um fato e não um valor.

Com grande influência de Bentham, John Austin (1790-1859) formula a primeira grande teoria que pode ser considerada como positivista na Inglaterra. Segundo Austin, a norma jurídica (*law*) se basta como um comando de um soberano dirigido aos seus destinatários, o que sempre será acompanhado de sanções. Neste

---

[60] Neste sentido, observa Sacco que "a fidelidade aos princípios liberais devia trazer consigo, na França, a condenação da atividade criativa do intérprete e a ideia do monopólio das fontes autoritárias". (SACCO, Rodolfo. Introdução ao Direito Comparado. Tradução de Vera de Fradera. São Paulo: RT, 2001, p.270). Também explica esta concepção Perelman, para quem a Escola de Exegese "fiel à doutrina da separação dos poderes, identifica o direito com a lei e confia aos tribunais a missão de estabelecer os fatos dos quais decorrerão as consequências jurídicas, em conformidade com o sistema de direito em vigor" (PERELMAN, Chaim. *Lógica Jurídica*: a Nova Retórica. Tradução de Virgínia K. Puppi. São Paulo: Martins Fontes, 1998, p. 32).

[61] PERELMAN, Chaim. *Lógica Jurídica:* a Nova Retórica. Tradução de Virgínia K. Puppi. São Paulo: Martins Fontes, 1998, p. 68.

sentido, somente as normas capazes de serem aplicadas mediante coerção do Estado podem ser identificadas como jurídicas. Deste modo, a primeira frase de sua obra *The Province of Jurisprudence Determined* deixa evidente o teor positivista de sua teoria: "a matéria da ciência jurídica é o direito positivo: o direito, simplesmente e estritamente assim chamado: ou o direito estabelecido pelos superiores políticos aos inferiores políticos"[62].

Austin, apesar de usa predileção em considerar com direito as normas detentoras de sanção, não exclui da concepção de ordem jurídica os precedentes judiciais. O poder soberano concede aos juízes autoridade para aplicar o direito. A jurisprudência, como resultado da interpretação jurídica, é fonte do direito por se tratar de manifestação de vontade do Estado, ainda que não diretamente.

A interpretação para Austin é uma atividade de conhecimento, uma vez que estabelece explicações a respeito dos comandos do soberano. Além desta forma de interpretação, Austin admite também a possiblidade de uma interpretação corretiva por parte dos juízes na aplicação das leis. Por meio desta interpretação, o juiz pode determinar um novo sentido à norma, que deveria ter sido o utilizado pelo legislador. Deste modo, o juiz não propriamente interpreta o Direito, mas sim age como um legislador subordinado, que corrige os defeitos da norma. Todavia, Austin não parece estabelecer limites para esta atividade judicial, o que transparece já em sua teoria a discricionariedade que permeia todas as teorias do positivismo jurídico, como posteriormente se observa em Kelsen e em Hart.

Apesar da teoria de Austin buscar a autonomia do direto positivo, pela ciência do direito, em relação à moral, esta estudada pela ciência da moral, há um resquício de ideologia em sua construção teórica. Para Austin, o Direito ideal é o Direito legislado, instituído por meio de escolhas racionais. Mesmo que o direito posto pelos juízes em sua atividade, que forma o direito jurisprudencial, possa corrigir o direito legislado, ainda assim ele não é o ideal. A legislação, deste modo, representa o direito como ele deveria ser, o que transmite um sentido

---

[62] AUSTIN, John. *The Province of Jurisprudence Determined*. Cambridge: Cambridge University Press, 2007, p. 18. (Tradução nossa).

ideológico na formação da ordem jurídica.

O terceiro movimento de negação ao jusnaturalismo são as derivações da Escola Histórica na Alemanha no Séc. XIX. Sendo uma reação ao racionalismo, o historicismo busca a legitimação da ordem jurídica na criação espontânea da tradição cultural do povo. Diferentemente da Escola de Exegese, a Escola Histórica prestigia a atividade dos estudiosos do direito, que dentre os quais deste momento, o de maior destaque foi Friedrich Carl von Savigny (1779-1861). Savigny influenciará posteriormente autores como Rudolf von Ihering e Friedrich Puchta.

Conforme Savigny, o Direito, enquanto lei, não era produto da vontade racional do legislador, mas sim das tradições, como uma transcendência da consciência do povo como um todo. Para Savigny "um povo, longe de resultar de um contrato social edificado no âmbito atomístico do individualismo, é um todo, complexo, indivisível, cujas partes são solidárias e cujas vida e cultura desafiam as rupturas e as descontinuidades do mecanismo racional"[63]. Ao pensar o direito enquanto ciência, Savigny defende que o direito deveria ser ordenamento de forma sistemática, em um trabalho de dedução[64].

Esse ideal de sistematicidade repercutirá diretamente na jurisprudência dos conceitos (*Begriffsjurisprudenz*), cujo maior expoente pode ser considerado Friedrich Putcha (1798-1846). No bojo da jurisprudência dos conceitos se desenvolve o pandectismo, Apesar de certas semelhanças com a Escola de Exegese, em razão de ambas considerarem a atividade jurisdicional como uma limitada atividade de conhecimento e redução da noção de direito aos textos legais, a jurisprudência dos conceitos delega ao cientista do direito um relevante papel. Isso se dá principalmente pelo método de conhecimento baseado na sistematicidade: de conceitos mais gerais aos mais específicos. A interpretação do Direto, ainda que seja

---

[63] GOYARD-FABRE, Simone. *Os Princípios Filosóficos do Direito Político Moderno.* Trad. Irene Paternot. São Paulo: Martins Fontes, 1999, p. 382.

[64] Conforme explica Losano acerca da Escola Histórica, "a atividade científica da jurisprudência consiste em encontrar 'princípios-guia', dos quais é possível deduzir todo o sistema jurídico". (LOSANO, Mario G. *Sistema e Estrutura no Direito.* Vol.1: Das Origens à Escola Histórica Tradução de Luca Lamberti. São Paulo: Martins Fontes, 2008, p. 382)

guiada pela dedução, está restrita ao texto da lei: o juiz não cria o Direito; apenas realiza uma intelecção lógicas das normas.

O legalismo da jurisprudência dos conceitos é colocado em xeque com a emergência da jurisprudência dos interesses (*Interessen Jurisprudenz*). Com grande correspondência ao pensamento da segunda fase de Ihering e do Movimento do Direito Livre, a jurisprudência dos interesses, especialmente por meio da obra de Philipp Heck (1858-1943), dá uma nova dimensão à atividade jurisdicional.

Diferentemente do que defendia Hemann Kantorowicz (1877-1940), Heck entendia que os juízes não tinham completa liberdade para dizer o direito contra as disposições da lei, mas ainda assim detinham considerável liberdade para criar o direito. No propósito de decidir, deveriam os juízes buscar respostas na realidade social concreta por meio de induções, indo além da dedução pura pandectista. Para uma criação do direito adequada por meio dos juízes, eles deveriam investigar as razões pelas quais os legisladores emitem as leis, de forma a preencher suas lacunas.

Conforme Heck, toda norma jurídica trazia consigo um sentido de conciliação de interesses opostos, por meio da ponderação (*Abwägung*). Nas situações em que, ao precisar decidir, o juiz se encontrasse em dúvida sobre qual interesse deveria prevalecer na aplicação do direito, deveria utilizar a ponderação. A ponderação terá influência sobretudo na jurisprudência dos valores, movimento surgido após a Segunda Guerra Mundial.

A interpretação do direito e sua aplicação também foram problemas enfrentados pelo Movimento do Direito Livre. Não sendo uma corrente de pensamento consolidada, este movimento se expressou por vias diversas, em parte se coadunando com o defendido pela jurisprudência dos interesses.

Seu primeiro expoente, Eugen Ehrlich (1862-1922), sustenta que o juiz, ao tomar a decisão, deve considerar os fatos originários à demanda e os valores da sociedade, ao invés de ser guiado meramente pela vontade do legislador. Segundo Ehrlich, "qualquer norma de decisão repousa, assim, em primeiro lugar, sobre a ordem interna das associações, portanto, sobre os fatos do direito, em sua forma anterior ao litígio"[65]. A interpretação do direito acompanha a concepção de direito defendia por Ehrlich que "não consiste nas disposições jurídicas, mas nas instituições jurídicas; quem quer determinar quais são as fontes do direito deve saber explicar como surgiram Estado, Igreja, família, propriedade, contrato, herança e como eles se modificam e evoluem no decorrer do tempo"[66]. Assim, diferentemente da equivalência de direito e lei da jurisprudência dos conceitos, Ehrlich enxerga o direito nas instituições que forma a sociedade e possibilitam as relações jurídicas.

A retomada da negação metafísica de Comte no Séc. XX se observa na formação do conhecido Círculo de Viena, que uniram o rigor positivista à análise linguística e à lógica. Nomes como Rudolf Carnap (1891-1970), Otto Neurath (1882-1945) e Moritz Schlick (1882-1936) pertenceram a este círculo. Além do positivismo, o neokantismo surge no final do Séc. XIX como escola de pensamento altamente influente, que se consolida na formação nas Escolas de Marburgo e Heidelberg.

As teorias do positivismo jurídico de certa forma herdam pressupostos do positivismo clássico, como o não reconhecimento do direito natural como direito e o raciocínio jurídico isento de juízos de valor. Observa-se a junção da negação da metafísica e a busca pela análise formal do direito enquanto objeto.

Em relação ao neokantismo, a ideia de norma fundamental influenciará diretamente a teoria de Kelsen. A unidade do sistema jurídico, dada pela norma fundamental, é o grande elemento neokantiano em Kelsen.

Losano[67] identifica quatro análises setoriais na teoria kelseniana como arquétipo de sistema jurídico interno:

(i)   O sistema é constituído de normas jurídicas. Apenas com o esclarecimento do conceito de

---

[65] EHRLICH, Eugen. *Fundamentos da Sociologia do Direito*. Tradução de René Ernani Gertz. Brasília: Editora da UnB, 1986, p. 98.

[66] EHRLICH, Eugen. *Fundamentos da Sociologia do Direito*. Tradução de René Ernani Gertz. Brasília: Editora da UnB, 1986, p. 70.

[67] LOSANO, Mario G. *Sistema e Estrutura no Direito*. Vol.2: O Século XX. Tradução de Luca Lamberti. São Paulo: Martins Fontes, 2010.

norma, é possível se verificar como elas se concatenam em sistema;
(ii) A concatenação das normas se origina na norma fundamental, que dá a validade para todas as normas; portanto a validade normativa depende da norma fundamental;
(iii) Nesta análise, coloca-se em evidência o dever-ser (*Sollen*);
(iv) A distinção entre direito positivo e ciência do direito.

É possível pensar em uma outra análise, que será aqui proposta, mas que de certa maneira permeia toda teoria kelseniana, que é a interpretação das normas. A distinção entre interpretação autêntica e não-autêntica, como criação do direito positivo e da ciência do direto respectivamente, é algo fundamental para compreensão da obra de Kelsen, além de reafirmar uma característica geralmente inerente às teorias do positivismo: a discricionariedade na criação do direito.

Apesar do normativismo de Kelsen estar no extremo oposto das teorias sociológicas do Séc. XIX, é possível notar uma aproximação no tocante à discricionariedade do juiz na aplicação do direito, ocasião na qual efetivamente cria uma norma. Kelsen traz limites à interpretação do juiz, mas permanece com a discricionariedade, uma vez que no ato de criação de direito, o juiz escolhe a interpretação que lhe pareça melhor dentre as opções possíveis dentro da moldura estabelecida pelo direito.

2.2 Aplicação do direito e indeterminação do ato

Kelsen incialmente conceitua interpretação como uma operação mental inerente à aplicação do Direito, na progressão de um escalão superior para um escalão inferior[68]. É preciso, na interpretação do direito, a determinação do conteúdo que se concederá à norma

---

[68] KELSEN, Hans. *Teoria Pura do Direito*. Tradução de João Baptista Machado. São Paulo: Martins Fontes, 2006, p. 387.

individual, seja ela uma sentença judicial, seja um ato administrativo, resultado de um processo de dedução de uma lei, como norma geral, na sua aplicação a um caso concreto. Também ocorre a interpretação quando se realiza o processo legislativo. Neste caso, interpreta-se a Constituição.

A partir desta concepção, Kelsen faz a distinção entre duas espécies de interpretação: a interpretação do Direito pelo órgão jurídico (*Rechtsorgan*) que o aplica – a interpretação autêntica (*authentische Interpretation*) - e aquela realizada por uma pessoa privada e pela ciência jurídica – a interpretação não-autêntica (*nicht authentisch Interpretation*)[69].

A discricionariedade na aplicação do direito pelos órgãos do Estado, comum entre as teorias do positivismo jurídico, fica evidente no momento em que Kelsen começa a dissertar sobre a relativa indeterminação do ato de aplicação do direito. Kelsen explica que a relação existente entre um escalão normativo superior e um escalão normativo inferior na ordem jurídica é uma de determinação ou de vinculação[70]. As normas de escalão superior não apenas determinam o processo em que a norma inferior ou o ato de execução são postos, mas também, eventualmente o conteúdo a ser realizado.

No entanto, entende que essa determinação nunca é completa. Há uma margem, em maior ou menor grau, de livre apreciação da autoridade que aplica a norma, de modo que a norma do escalão superior tem sempre o caráter de um quadro ou moldura a ser preenchido pelo ato de produção normativa, seja uma norma de escalão inferior, seja a aplicação do direito em uma sentença, seja a execução de um ato. Ainda que a norma estabeleça um comando muito específico, haverá sempre uma pluralidade de determinações a ser feita por aquele que executa o ato.

Dessa forma, todo ato de aplicação do direito, que pode ser uma emissão de lei, uma sentença ou mesmo um ato de execução, possui

---

[69] KELSEN, Hans. *Teoria Pura do Direito*. Tradução de João Baptista Machado. São Paulo: Martins Fontes, 2006, p.388. Ver também a publicação original em KELSEN, Hans. *Reine Rechtslehre*. Studienausgabe der 2. Auflage 1960. Tübingen: Mohr Siebeck, 2013.

[70] KELSEN, Hans. *Teoria Pura do Direito*. Tradução de João Baptista Machado. São Paulo: Martins Fontes, 2006, p.388.

em si uma parte de determinação e uma parte de indeterminação. Assim, nenhuma aplicação é inteiramente determinada pela norma superior. Como as normas gerais não podem ser específicas a ponto de prever todas as situações, e as normas individuais também não serem capazes de prever todas as hipóteses de execução, existirá sempre ainda que uma pequena margem de discricionariedade.

A indeterminação pode ainda ser intencional, ou seja, a norma a ser aplicada pode ter sido criada de modo a deixar ao aplicador certa margem de discricionariedade. Neste sentido,

> O estabelecimento ou fixação de uma norma simplesmente geral opera-se sempre – em correspondência com a natureza desta norma geral – sob o pressuposto de que a norma individual que resulta da sua aplicação continua o processo de determinação que constitui, afinal, o sentido da seriação escalonada ou gradual das normas jurídicas[71].

Assim, todo o ato de aplicação do direito é em parte indeterminado. A fixação de uma norma geral sempre se opera de modo que a norma individual seja resultante de sua aplicação continuada. Se a indeterminação não for intencional, pode surgir da própria emissão da norma jurídica[72]. Em um primeiro momento, tem-se a pluralidade de significações que um termo ou uma frase nas quais a norma é expressa. Assim, o sentido da norma não é unívoco. O juiz ou a autoridade que for aplicar a norma tem perante si várias significações possíveis e, ao emitir a norma resultado desta aplicação, escolhe uma das opções.

A autoridade que aplica a norma pode ainda presumir haver discrepância entre a expressão linguística da norma (*sprachlichen Ausdruck der Norm*) e a vontade da autoridade legisladora (*Willen der*

---

[71] KELSEN, Hans. *Teoria Pura do Direito*. Tradução de João Baptista Machado. São Paulo: Martins Fontes, 2006, p.389.
[72] KELSEN, Hans. *Teoria Pura do Direito*. Tradução de João Baptista Machado. São Paulo: Martins Fontes, 2006, p.389.

normsetzenden Autorität). Neste caso, deixa-se por completo a resposta à questão de se saber por quais modos esta vontade do legislador pode ser determinada. Quando se presume que a expressão direta da norma não corresponde com aquela vontade, precisa-se aceitar como a investigação do sentido a partir de outras fontes.

2.3 Possibilidades de aplicação: o Direito como uma moldura

Nos casos de indeterminação da norma, intencional ou não, há diversas possiblidades de aplicação. O ato de execução da norma pode corresponder a uma dentre as várias significações da norma a ser executada. Em caso de contradição entre as normas, o intérprete poderá escolher umas das normas a validar na interpretação ou ainda, pode determinar como se as normas em colisão se excluíssem mutuamente[73]. Deste modo, o Direito a ser aplicado assume a forma de uma moldura dentro da qual são possíveis diversos modos de aplicação. Todo ato aplicado em dentro das possiblidades da moldura seria em conforme ao Direito.

Interpretação, no sentido exposto por Kelsen, é "a fixação por via cognoscitiva do sentido do objeto a interpretar"[74]. Assim, o resultado de uma interpretação do Direito deve necessariamente ser a fixação da moldura que representa a norma a ser interpretada e conhecer as diversas possibilidades que existem dentro desta moldura. Ou seja, o intérprete deve ter um critério geral de interpretação, a norma, e conhecer quais são as diversas formas de estabelecer um sentido para esta norma, ao realizar sua aplicação.

Nesse sentido defendido por Kelsen, o sujeito ao interpretar uma lei não é conduzido a uma única interpretação correta, uma única solução possível, mas sim a várias soluções – dentro da moldura da lei – que tem o mesmo valor. Dentre estas diversas soluções, a autoridade ou órgão aplicador escolherá uma, que resultará numa norma. Deste modo, o juiz, ao interpretar uma lei penal, se vê diante

---

[73] KELSEN, Hans. *Teoria Pura do Direito.* Tradução de João Baptista Machado. São Paulo: Martins Fontes, 2006, p.390.
[74] KELSEN, Hans. *Teoria Pura do Direito.* Tradução de João Baptista Machado. São Paulo: Martins Fontes, 2006, p.390.

de diversas soluções; uma delas será escolhida e se tornará uma norma individual. Não significa, porém, que esta seja a única norma individual possível; é apenas uma entre as normas individuais que podem ser emitidas em conformidade com a moldura estabelecida pela norma geral.

A possibilidade de que o juiz possa escolher entre diversas interpretações dentro da moldura do Direito leva à uma inerente discricionariedade na produção jurídica. Esta liberdade de escolha repousa em uma subjetividade na qual cada juiz pode decidir como quiser, dentro da moldura que estabelece o ordenamento jurídico.

Kelsen neste ponto critica a chamada por ele de "jurisprudência tradicional" por esperar do ato de interpretação o estabelecimento de um método para preencher a moldura de um modo ajustado[75]. Assim, ao se aplicar a lei ao caso concreto, haveria uma única solução correta, sendo que a justeza da decisão teria fundamento na própria lei. Deste modo, o órgão aplicador do direito faria simplesmente uma atividade de intelecção, colocando em ação meramente seu conhecimento e não sua vontade. Contrariamente a este entendimento, Kelsen busca esclarecer, dentro da epistemologia proposta pela *Teoria Pura do Direito*, que é possível à autoridade ou ao órgão público ao aplicar do Direito escolher dentre as diversas interpretações da norma e que nenhuma delas seria mais correta que a outra. Assim, a validade da norma a ser produzida se dá em razão da vontade da autoridade que aplica o Direito, não pelo conhecimento produzido a partir da interpretação.

A crítica de Kelsen se direciona principalmente à ausência de critérios de acordo com o Direito positivo de se estabelecer um método que se sobressaia aos demais na interpretação das normas. Desta forma, a jurisprudência de valores não havia conseguido provar com base no Direito um resultado correto na interpretação, apenas resultados possíveis. Teriam valores iguais perante o Direito positivo tanto a interpretação baseada observação estrita ao teor literal da norma e desprezar a vontade do legislador quanto a baseada na fixação na vontade do legislador sem se importar com a

---

[75] KELSEN, Hans. *Teoria Pura do Direito*. Tradução de João Baptista Machado. São Paulo: Martins Fontes, 2006, p.391.

literalidade da norma.

2.4 A criação do Direito como ato de vontade

Kelsen afirma que a questão de se saber qual é a interpretação correta do Direito é um problema que está fora do alcance da teoria do Direito, não é um conhecimento que se dirige ao Direito positivo[76]. Saber a interpretação correta de uma lei seria assim uma questão de política do Direito. Deste modo, buscar a partir da lei uma única sentença correta ou um único ato administrativo correto seria uma tarefa idêntica à atividade legislativa de se criar leis justas, o que aproximaria a identificação do direito pela ótica da justiça, o que é negado por Kelsen de forma cientificamente proposta em várias de suas obras, entre as quais a própria Teoria Pura do Direito.

Assim, para Kelsen, da mesma forma que não se pode extrair da Constituição somente leis que sejam corretas, por meio da interpretação autêntica, não é possível a partir da lei, obter uma única sentença correta. Apesar da diferença no grau de vinculação entre estes dois casos, em que o legislador é materialmente menos restrito pela Constituição do que o juiz é pela lei, o juiz é em certa medida criador do Direito e é relativamente livre nesta função. Por tais razões, "a obtenção da norma individual no processo de aplicação da lei é, na medida em que nesse processo seja preenchida a moldura da norma geral, uma função voluntária"[77].

Na interpretação do Direito pelos órgãos públicos, a cognição da norma a aplicar, é combinada com um ato de vontade no qual a autoridade escolhe dentre as diversas alternativas possíveis de interpretação, dentro da moldura normativa. Deste modo, a norma de escalão inferior é produzida ou se executa um ato de coerção presente na norma jurídica que está sendo aplicada.

É justamente o ato de vontade que distingue a interpretação

---

[76] KELSEN, Hans. *Teoria Pura do Direito*. Tradução de João Baptista Machado. São Paulo: Martins Fontes, 2006, p.393.
[77] KELSEN, Hans. *Teoria Pura do Direito*. Tradução de João Baptista Machado. São Paulo: Martins Fontes, 2006, p.393.

realizada pela autoridade pública, que resulta na produção de direito, diferentemente de outras interpretações, como a que perfaz ciência jurídica[78]. Apenas a interpretação feita pelo órgão jurídico é autêntica, apenas por um ato de vontade resultante desta interpretação é que o direito é criado. A interpretação autêntica se observa quando há a criação de direito sob a forma de uma lei, com caráter geral, a ser aplicado a destinatários indeterminados, bem como na emissão de sentenças ou outros atos oficiais destinados a um caso concreto.

Na interpretação autêntica, além da realização de uma das alternativas possíveis pela cognição que resulta em um ato de vontade na emissão da norma, é possível também a criação de direito novo, ainda que esteja fora da moldura que a norma a ser aplicada representa, especialmente quando resulta de interpretações de tribunais de última instância, desde que não possa ser anulado e desde que haja o trânsito em julgado[79].

2.5 Ato de conhecimento e ciência jurídica

Diferentemente da interpretação realizada pelos órgãos jurídicos, a interpretação feita pela ciência jurídica (*Rechtswissenschaf*) é denominada não autêntica (*nicht authentisch Interpretation*), uma vez que não cria direito. A interpretação científica é uma intelecção do sentido das normas jurídicas. A ciência do direito "descreve um objeto colocado no mundo do *dever ser*: portanto, o estudo do direito deve, programaticamente, excluir qualquer elemento proveniente do

---

[78] Conforme explica Ferraz Junior, o ato de vontade "Trata-se de um "eu quero" e não de um "eu sei". E sua força vinculante, a capacidade de o sentido definido ser aceito por todos, repousa na competência do órgão (que pode ser o juiz, o próprio legislador quando interpreta o conteúdo de uma norma constitucional, as partes contratantes, quando interpretam a lei etc.). Havendo dúvidas sobre o sentido estabelecido, recorre-se a uma autoridade superior até que a uma última e decisiva competência o estabeleça definitivamente. A sequência é de um ato de vontade para outro de competência superior". (FERRAZ JUNIOR, Tércio Sampaio. *Introdução ao Estudo do Direito*: Técnica, Decisão, Dominação. 8 ed. São Paulo: Atlas, 2015, p. 217-218)

[79] KELSEN, Hans. *Teoria Pura do Direito*. Tradução de João Baptista Machado. São Paulo: Martins Fontes, 2006, p.395

mundo do ser, ou seja, deve ser 'puro'"[80].

Para esta compreensão é necessário resgatar algumas noções presentes nas obras de Kelsen, especialmente no Capítulo III da *Teoria Pura do Direito*. Kelsen observa que as relações humanas são objeto da ciência do direito apenas enquanto forem determinadas nas normas jurídicas como pressupostos ou consequências. Deste modo, a ciência jurídica tem como objetivo apreender seu objeto sob o ponto de vista do direito. Com isto, é possível perceber na ciência jurídica uma teoria estática, que tem por objeto o Direito como um sistema de normas em vigor (*System von in Geltung stehenden Normen*), e uma teoria dinâmica, que tem por objeto o processo jurídico (*Rechtsprozeß*) no qual o Direito é criado e aplicado.

Esses dois caminhos da ciência jurídica não devem ser confundidos com a caracterização do Direito em si como uma ordem normativa dinâmica. Segundo Kelsen, o tipo dinâmico se caracteriza por ter a norma fundamental pressuposta sem conteúdo senão a instituição de um dato produtor de normas, atribuindo assim poder à uma autoridade legisladora para decidir como devem ser criadas as normas gerais e fundamentais do ordenamento jurídico fundado a partir da norma fundamental[81].

O Direito, enquanto ordenamento jurídico construído sob esta norma fundamental dinâmica, é composto por normas que prescrevem condutas humanas. Neste ponto Kelsen diferencia normas jurídicas (*Rechtsnorm*) de proposições jurídicas (*Rechtssatz*). Antes de Kelsen, a doutrina alemã fazia uso indiscriminado dos dois termos[82]. Conforme se posiciona Kelsen, na segunda edição de *Teoria Pura do Direito* (1960), diferentemente do Direito, a ciência jurídica é composta de proposições jurídicas, produzidas pelos

---

[80] LOSANO, Mario G. *Sistema e Estrutura no Direito*. Vol.2: O Século XX. Tradução de Luca Lamberti. São Paulo: Martins Fontes, 2010, p. 53.
[81] KELSEN, Hans. *Teoria Pura do Direito*. Tradução de João Baptista Machado. São Paulo: Martins Fontes, 2006, p. 219. Explica Losano, neste sentido, que "a constituição é válida se a norma fundamental – que está fora do direito positivo – declara que essa constituição deve ser obedecida" (LOSANO, Mario G. *Sistema e Estrutura no Direito*. Vol.2: O Século XX. Tradução de Luca Lamberti. São Paulo: Martins Fontes, 2010, p. 54).
[82] LOSANO, Mario G. *Sistema e Estrutura no Direito*. Vol.2: O Século XX. Tradução de Luca Lamberti. São Paulo: Martins Fontes, 2010, p. 61-62.

cientistas do direito. As proposições jurídicas:

> São juízos hipotéticos que enunciam ou traduzem que, de conformidade com o sentido de uma ordem jurídica – nacional ou internacional – dada ao conhecimento jurídico, sob certas condições ou pressupostos fixados por esse ordenamento, deve intervir certas consequências pelo mesmo ordenamento determinadas[83].

Por sua vez, as normas jurídicas não são juízos de conhecimento sobre certo objeto. Normas jurídicas não são resultadas de atos de conhecimento. Elas são "mandamentos e, como tais, comandos, imperativos. Mas não são apenas comandos, pois também são permissões e atribuições de poder e competência"[84]. As normas são um dever-ser[85]. Em outra definição, Kelsen conceitua a norma como "o sentido de um querer, de um ato de vontade, e – se a norma constitui uma prescrição, um mandamento – é o sentido de um ato dirigido à conduta de outrem"[86].

Em determinado momento, Kelsen esclarece esta diferença entre as funções do Direito e da ciência jurídica. Feita por estudiosos do Direito, a ciência jurídica "apenas pode descrever o Direito; ela não pode, como o Direito produzido pela autoridade jurídica (através de

---

[83] KELSEN, Hans. *Teoria Pura do Direito*. Tradução de João Baptista Machado. São Paulo: Martins Fontes, 2006, p. 80.

[84] KELSEN, Hans. *Teoria Pura do Direito*. Tradução de João Baptista Machado. São Paulo: Martins Fontes, 2006, p. 81.

[85] Interessante a leitura feita por Losano, para quem a definição de norma para Kelsen se mostra propositalmente vaga: "Consta de um termo por definição indefinível ("dever ser") e de uma genérica locução indefinida ("ter o sentido de"), a qual exprime de modo por si mesmo não claro, nem por Kelsen esclarecido, uma problemática relação de convergência entre dois elementos divergentes: ser e dever ser". (LOSANO, Mario G. *Sistema e Estrutura no Direito*. Vol.2: O Século XX. Tradução de Luca Lamberti. São Paulo: Martins Fontes, 2010, p. 58).

[86] KELSEN, Hans. *Teoria Geral das Normas*. Tradução de José Florentino Duarte. Porto Alegre: Sergio Antonio Fabris Editor, 1986, p. 33

normas gerais ou individuais, prescrever seja o que for"[87]. Deste modo, norma jurídica não se confunde com proposição jurídica.

A ciência jurídica, enquanto descritiva do direito, é uma ciência normativa, que por sua vez se distingue das chamadas ciências causais. Diferentemente destas, regidas pelo princípio ordenador da causalidade, a ciência do direito rege-se pela imputação (*Zurechnung*). Deste modo, ao descrever o conteúdo de uma norma, a ciência jurídica não descreverá uma relação de causalidade, se ocorrer A, haverá B. O que a ciência jurídica descreverá é uma relação de imputação: se ocorrer A, deve ser B, ainda que B não seja. Neste sentido, a diferença entre causalidade e imputação, de acordo com Kelsen:

> subsiste na circunstância de que a imputação (isto significa a relação entre uma conduta determinada como condição e a sanção como consequência descrita numa lei moral ou jurídica) é produzida por um ato de vontade, cujo sentido é uma norma enquanto a causalidade (isto significa a relação entre causa e efeito descrita numa lei da natureza) é independente de toda e qualquer intervenção[88].

Percebe-se, nesta diferença entre causalidade e imputação, um grau de liberdade de ação que permite diferenciar a ciência jurídica, ao descrever as normas e sanções, das leis naturais ou ainda das leis morais. Para estas, a consequência sempre se realizará. Pela lei da gravidade, um corpo solto no ar sempre cairá de acordo com um valor de aceleração. Diferentemente, a norma que prevê o homicídio prescreve uma pena para aquele que cometer tal conduta. Desta forma, quem comete homicídio deverá ser punido com determinada pena. Todavia, nem sempre aquele que cometer homicídio será

---

[87] KELSEN, Hans. *Teoria Pura do Direito*. Tradução de João Baptista Machado. São Paulo: Martins Fontes, 2006, p. 82.
[88] KELSEN, Hans. *Teoria Geral das Normas*. Tradução de José Florentino Duarte. Porto Alegre: Sergio Antonio Fabris Editor, 1986, p. 32.

punido. Desta forma, a norma não estabelece uma relação de causa com a sanção, mas sim de imputação. Assim, "deve sempre existir a possibilidade de sua ineficácia, ou seja, a possibilidade de não ser aplicada e observada em casos particulares"[89].

Kelsen repudia em sua *Teoria Pura do Direito* a criação de direito novo por meio de uma interpretação puramente cognoscível, como era fundamento da jurisprudência dos conceitos. A interpretação científica do direito não seria capaz nem ao mesmo de colmatar as chamadas lacunas do direito (cuja existência é negada por Kelsen); o preenchimento seria uma função criadora do Direito e somente poderia ser realizada por um ato de vontade, provindo de um órgão jurídico.

Segundo Kelsen, "a interpretação jurídico-científica não pode fazer outra coisa senão estabelecer as possíveis significações de uma norma jurídica. Como conhecimento do seu objeto, ela não pode tomar qualquer decisão entre as possiblidades por si mesma reveladas"[90]. A decisão será do órgão competente para aplicar o direito (criando direito por ato de vontade) em conformidade com a ordem jurídica.

A negação de univocidade na interpretação é algo veementemente defendido por Kelsen. A ciência jurídica deve evitar a afirmação de que uma norma jurídica permite uma única interpretação correta sempre e em todos os casos. Esta univocidade na interpretação de uma norma jurídica traz vantagens políticas, como a consolidação da segurança jurídica. Todavia, não se pode confundir a política jurídica com os resultados obtidos pela ciência jurídica; não é justificável cientificamente dizer que uma interpretação possível é mais correta do que outra possível. Assim, "com efeito, apresenta-se falsamente como uma verdade científica aquilo que é tão-somente um juízo de valor político"[91]. Kelsen reconhece a interpretação não-autêntica como aquela que faz a ciência do direito, permitindo mais de uma interpretação correta do

---

[89] KELSEN, Hans. *Teoria Pura do Direito*. Tradução de João Baptista Machado. São Paulo: Martins Fontes, 2006, p. 98.
[90] KELSEN, Hans. *Teoria Pura do Direito*. Tradução de João Baptista Machado. São Paulo: Martins Fontes, 2006, p. 395.
[91] KELSEN, Hans. *Teoria Pura do Direito*. Tradução de João Baptista Machado. São Paulo: Martins Fontes, 2006, p. 396.

fenômeno normativo[92].

2.6 A discricionariedade é essencial ao positivismo kelseniano

A interpretação do direito é uma questão essencial para se compreender a completude da teoria de Kelsen, apesar de ter escrito pouco sobre o tema em comparação aos outros aspectos da *Teoria Pura do Direito*. De fato, o Capítulo VIII da obra é o menor em número de páginas em comparação aos sete anteriores. Ainda assim, é fundamental para concluir o sistema pensado por Kelsen.

A norma para Kelsen, conforme explica no início do primeiro capítulo da *Teoria Pura do Direito*, é um dever ser. Significa que algo deve ser ou acontecer, ou mesmo que alguém deve ter determinada conduta. Deste modo, a norma é o sentido de um ato por meio do qual uma conduta pode ser proibida, permitida ou obrigatória a alguém. Este ato ao qual é dado o sentido de norma é um ato de vontade. A norma é criada por meio de um ato de vontade de uma autoridade que recebe do próprio direito poderes para isso.

O ato de vontade constitui o que Kelsen denomina por interpretação autêntica. Esta forma de interpretação tem como resultado a criação do direito. Quando o legislador vota, quando o gestor público publica uma portaria, quando o juiz prolata uma sentença, uma norma é criada, ainda que tenham destinatários diferentes. Da criação desta norma não é preciso que aquela autoridade pública que a produza tenha o melhor conhecimento sobre o conteúdo; ela será válida por ser justamente um ato de vontade daquela autoridade, será válida em razão da competência que o direito dá à autoridade que faz a norma posta, não importando seu conteúdo para a validade.

---

[92] Nesse sentido, esclarece Ferraz Junior que a interpretação não-autêntica para Kelsen "é ciência até o ponto em que denuncia a equivocidade resultante da plurivocidade. Daí para frente, o que se faz realmente é política, é tentativa de persuadir alguém de que esta e não aquela é a melhor saída, a mais favorável dentro de um contexto ideológico" (FERRAZ JUNIOR, Tércio Sampaio. *Introdução ao Estudo do Direito:* Técnica, Decisão, Dominação. 8 ed. São Paulo: Atlas, 2015, p. 219).

Verifica-se que a discricionariedade judicial é ponto fundamental para compreensão da teoria kelseniana, ainda que comumente não seja tão tenha tanto destaque quanto à teoria da norma fundamental ou a separação entre moral e a ciência do direito. A ciência do direito, como descrição do fenômeno jurídico, assume um papel de neutralidade na não emissão de juízos de valor acerca de seu objeto, o ordenamento jurídico. Deste modo, a ciência do direito é proveniente não de atos de vontade, mas de atos de conhecimento.

3

O ESTADO É O DIREITO (NACIONAL)

O Estado é o Direito. Esta é uma afirmação simples, mas condensa o que Kelsen pensa sobre o ser do Estado; Estado e Direito são o mesmo objeto, o Estado se encontra no Direito. Ao se negar a dualidade metafísica do Estado (um dos dualismos negados por Kelsen), há evidente compreensão de um mesmo objeto ser denominado por dois nomes diversos a depender de sua abordagem; ora Direito, ora Estado.

Preliminarmente, é preciso deixar uma definição clara, que será essencial no decorrer deste capítulo: Estado, em conformidade com o normativismo kelseniano, é uma ordem jurídica delimitada pelos quatro campos de validade possíveis: i) territorial; ii) pessoal; iii) material; iv) temporal. A equivalência entre o Estado como Direito (Nacional) repercute diretamente na delimitação de campos de validade. Esta questão também será igualmente relevante para a compreensão da ideia de Direito Internacional para Kelsen, descrita no Capítulo 4.

3.1 Uma tentativa de compreensão científica do Estado

A ideia de direito racional foi colocada em xeque na primeira metade do Século XX, em especial a noção de indivíduo construída sob o paradigma da modernidade. Uma das principais razões deste abalo se deu em especial no campo da lógica, com a virada linguística. O racionalismo jusnaturalista, fundamental na edificação do conceito de sujeito (na ideia de *subjectum*), como modo de se buscar fundamento para o direito e legitimidade do Estado, estava claramente já em pleno descrédito. Tais abalos ao pensamento jusnaturalista se deram por alguns movimentos que se consolidaram no Século XIX, em especial (ainda que de modo bem simplificado): (a) A Escola de Exegese; (b) O Utilitarismo; (c) A Escola Histórica. A incerteza metafísica da legitimação política gerou um cenário de turvação teórica.

O sujeito entra em crise com o aprimoramento da técnica do Estado. Ainda que de modo não uniforme nos países europeus, observa-se um reflexo da insuficiência jusnaturalista frente ao desenvolvimento científico e tecnológico do Século XIX. Abre-se, assim, enorme flanco na busca de outras formas mais convincentes e menos alegóricas de legitimação do direito e do poder político estatal. Todavia, o direito enquanto fenômeno ainda era contido em outros campos do conhecimento, como o emergente pensamento sociológico.

A cientificidade permite o questionamento da legitimidade das instituições, em especial acerca de uma suposta verdade racional. A técnica burocrática (como no desenvolvimento do próprio *Rechtsstaat* na Alemanha), bem como a neutralidade e imparcialidade das atividades estatais, além de tenderem a "purificar" a compreensão do Estado como objeto, apresentam um cerceamento de influências do sujeito no próprio ser do objeto.

Nesse contexto, Kelsen, já nos anos 1920 direciona seus esforços de modo a elaborar uma compreensão do Estado por meio de uma autêntica ciência específica, a ciência do direito. Assim, a elaboração do normativismo tem dois objetivos epistemológicos claros: autonomia e sistematização.

A ciência específica do Direito[93] deve ter seus métodos e objetos estabelecidos de modo a escapar do obscurantismo no qual a racionalidade humana esteve imersa até então para a compreensão do fenômeno jurídico. Aqui se apresenta uma dicotomia necessária.

---

[93] KELSEN, Hans. *Teoria Pura do Direito*. Trad. João Baptista Machado. São Paulo: Martins Fontes, 2006, p. 97.

Além da partição entre Direito positivo e Direito natural como consolidação do pensamento jurídico, há uma separação ôntica necessária entre o Direito como dever ser (*Sollen*) e o ser (*Sein*).

No turbilhão incerto de tentativas de compreensão do Estado e do Direito como objetos distintos, a *Teoria Pura do Direito* apresenta uma inovação essencial para uma possível relação entre Estado e Direito cientificamente aceitável. A *Teoria Pura do Direito* não é uma teoria do direito puro: o direito não é puro, pois jamais seria possível imaginar o direito como um sistema de normas criadas sem nenhum tipo de conteúdo. Assim, as normas objetivam compelir alguma conduta do mundo do ser. Seria, portanto, impossível qualquer conteúdo normativo sem alguma correspondência de desejável conduta humana no mundo do ser. A proposta de Kelsen com o normativismo é um método puro que possibilite ao sujeito conhecer sistematicamente o fenômeno normativo autonomamente. Somente tendo a si próprio como objeto, o direito pode ser confiavelmente compreendido[94].

3.2 A dualidade entre Direito e Estado é ideológica, logo anticientífica

De acordo com o que Kelsen propõe na *Teoria Pura do Direito*, a distinção entre Direito e Estado é essencialmente ideológica. Já na primeira edição da obra, Kelsen defende tal posição. Inicia sua explicação com críticas direcionadas à então predominante Teoria Geral do Estado, a qual considerava o Estado como um ente anterior e separado do Direito. No Capítulo VIII da primeira edição, encontra-se uma interessante comparação feita por Kelsen acerca de como a então Teoria Geral do Estado e a Teoria do Direito Privado tratavam de modo semelhante a justificação da personalidade jurídica de Estado e pessoas respectivamente.

Assim como a Teoria do Direito Privado (*Privatrechtstheorie*) defendia que a origem da personalidade jurídica das pessoas estava

---

94 KELSEN, Hans. *Teoria Pura do Direito*. Trad. João Baptista Machado. São Paulo: Martins Fontes, 2006, p. 84.

ancorada em um estágio anterior ao Direito Positivo (lógica e cronologicamente), Teoria do Estado defendia que este, enquanto ente coletivo dotado de vontade, tem existência prévia e autônoma em relação ao Direito[95].

A então Teoria Geral do Estado, ao separar o Estado do Direito, acaba por revestir esta compreensão de ideologia propositada. A Teoria Pura do Direito, apenas para retomar os propósitos desta obra (em suas duas edições) tem como objetivo tornar o Direito um objeto de conhecimento científico, uma das razões pelas quais ser esta obra voltada para a epistemologia jurídica.

A distinção entre Direito e Estado, conforme a proposta da *Teoria Pura do Direito*, constitui uma questão antes de tudo ideológica. Tem como objetivo tornar o direito um objeto de conhecimento[96]. Sua pretensão (igualmente constantes na primeira e na segunda edição) é "libertar a ciência jurídica de todos os elementos que lhe são estranhos. Esse é seu princípio metodológico fundamental"[97].

Nesse sentido, somente com a perspectiva da pureza teórica do Direito (pureza do conhecimento, não pureza do Direito em si) é que se pode ser possível um conhecimento científico sobre o Estado, o que implica necessariamente com sua identificação com o Direito. Segundo aponta Kelsen, tradicionalmente o Estado era entendido como uma entidade metajurídica, uma pessoa superior às pessoas humanas. Este *Makroanthropos* seria anterior ao Direito, bem como seu criador[98]. A autoridade e legitimidade do Estado, portanto,

---

95 KELSEN, Hans. *Reine Rechtslehre*: Einleitung in die rechtswissenschaftliche Problematik. Studienausgabeder 1. Auflage 1934. Tübingen: Mohr Siebeck, 2008, p. 125. Ver também a edição em espanhol: KELSEN, Hans. *Teoría Pura del Derecho*: Introducción a los problemas de la ciencia jurídica. Trad. Gregorio Robles y Félix F. Sánchez. Madrid: Editorial Trotta S.A, 2011.

96 Para Bobbio, o normativismo kelseniano, como uma das correntes do positivismo jurídico, representa "o estudo do direito enquanto fato, não como valor: na definição do direito deve ser excluída toda qualificação que seja fundada num juízo de valor e que comporte a distinção do próprio direito em bom e mau, justo e injusto" (BOBBIO, Norberto. *O positivismo jurídico*. Trad. Márcio Pugliesi. São Paulo: Ícone, 1995, p. 136.).

97 KELSEN, Hans. *Teoria Pura do Direito*. Trad. João Baptista Machado. São Paulo: Martins Fontes, 2006, p. 1.

98 KELSEN, Hans. *Reine Rechtslehre*: Einleitung in die rechtswissenschaftliche Problematik. Studienausgabeder 1. Auflage 1934. Tübingen: Mohr Siebeck, 2008, p. 126.

estaria vinculada ao Direito.

A modernidade traz a concepção do Estado enquanto pessoa artificial. Como modo de ruptura com as relações políticas medievais, as quais se baseavam em critérios de essência privatista[99], o Estado emerge como novo tipo de organização política que reinaugura a legitimidade do poder enquanto *imperium*, de essência pública[100].

O grande marco teórico desta transição é o contratualismo hobbesiano. Hobbes, apesar de escrever no Século XVII, é um autor essencial para o que será o positivismo jurídico nos Séculos XIX e XX. Por isso, não é errôneo (embora controverso) considerar o Hobbes como o grande percursor do positivismo jurídico[101], apesar do forte jusnaturalismo em seu pensamento. Em *Leviatã*, o Estado é uma pessoa formada por meio de um pacto de submissão[102] e é representado[103] por uma pessoa única ou uma assembleia, que será

---

[99] Gilissen observa que nas relações feudo-vassálicas há dois elementos, que são característicos de Direito Privado: o real (*feodum/préstamo/ Lehn*) e o pessoal (a vassalagem). Conferir em GILISSEN, John. *Introdução Histórica ao Direito*. 7 ed. Trad. Antonio Manuel Hespanha. Lisboa: Fundação Calouste Gulbenkian, 2013, p. 188-202).

[100] JELLINEK, Georg. *Teoria General del Estado*. Traducción Enrique Figueroa Alfonzo. Ciudad del Mexico: Editorial Iberoamericana, 1997, p. 265-266. No mesmo sentido, escrever Weber: "O Estado democrático, assim como o Estado absoluto, elimina a administração feudal, patrimonial, patrícia, ou de outros dignitários que exercem o poder de forma honorária ou hereditária, e a substitui por funcionários civis". (WEBER, Max. *Parlamentarismo e Governo numa Alemanha Reconstruída*. Tradução de Maurício Tragtenberg. São Paulo: Abril Cultural, 1974, p.22).

[101] Nesse sentido, conferir: DIMOULIS, Dimitri. *Positivismo Jurídico*: Teoria da Validade e da Interpretação do Direito. 2 ed. Porto Alegre: Livraria do Advogado, 2018, p. 24-27; BOBBIO, Norberto. *O positivismo jurídico*. Trad. Márcio Pugliesi. São Paulo: Ícone, 1999, p. 32-37; FLEINER-GERSTER, Thomas. *Teoria Geral do Estado*. Trad. Marlene Holzhausen. São Paulo: Martins Fontes, 2006, p. 240.

[102] Segundo Hobbes o Estado, constituído como uma pessoa artificial, é "uma pessoa de cujos atos uma grande multidão, mediante pactos recíprocos uns com os outros, foi instituída por cada um como autora, de modo a ela poder usar a força e os recursos de todos, da maneira que considerar conveniente, para assegurar a paz e a defesa comum" (HOBBES, Thomas. *Leviatã*. Trad. João Paulo Monteiro et al. São Paulo: Abril Cultural, 1983, p. 106).

[103] Hobbes explica que a ideia de pessoa, etimologicamente, já carrega o sentido de aparência exterior de alguém (do latim persona). Assim, personificar é representar, a si ou a outra pessoa. Deste modo, "uma multidão de homens é transformada em uma pessoa quando é representada por um só homem ou pessoa, de maneira a que

o portador da Soberania. O Estado, portanto, é uma pessoa[104] artificial[105].

A artificialidade do Estado provoca uma ruptura de fundamentação do ser político[106]. Retira o poder político da metafísica e o torna desta independente. O Estado, uma vez instituído pela reunião de vontades (que transforma o natural em

---

tal seja feito com o consentimento de cada um dos que constituem essa multidão". (HOBBES, Thomas. *Leviatã*. Trad. João Paulo Monteiro et al. São Paulo: Abril Cultural, 1983, p. 98.). Assim, o pacto transforma aquele estado de natureza em Estado civil, formado pela razão e, portanto, não natural. Neste sentido, Gierke: "Under the influence of the philosophy of Hobbes, the view continued to be urged that the state of nature did not contain even the germ of community; that the formation of society was a 'break-away', dictated by reason, from the natural order of human relations; in a word, that society began in an act of artificial institution, and as a conscious departure from nature". (GIERKE, Otto von. *Natural Law and the Theory of Society*. Vol I: 1500-1800. Translated by Ernest Barker. London: Cambridge University Press, 1934, p. 101).

[104] "Uma pessoa é aquela cujas palavras ou ações são consideradas quer como suas próprias quer como representando as palavras ou ações de outro homem, ou de qualquer outra coisa a que sejam atribuídas, seja com verdade ou por ficção". (HOBBES, Thomas. *Leviatã*. Trad. João Paulo Monteiro et al. São Paulo: Abril Cultural, 1983, p. 96).

[105] A característica artificial do Estado é bem evidente em Hobbes. Ele define como pessoa fictícia ou artificial quando se considera alguém que represente palavras e ações de outro. Assim, enquanto ser dotado de razão, o homem busca se associar por mútua proteção. Todavia, diferente dos animais irracionais que vivem socialmente entre si (como abelhas e formigas), o homem, enquanto racional, está constantemente envolvido em competição por honra e dignidade por motivos como ódio, inveja, o que ocasionam guerras. Assim, o pacto entre homens não pode ser natural; surge artificialmente. (HOBBES, Thomas. *Leviatã*. Trad. João Paulo Monteiro et al. São Paulo: Abril Cultural, 1983, p. 96-105). Este ponto apresenta uma grande ruptura com a sociabilidade natural dos homens em Aristóteles, como Hobbes explora o colocar a metafísica aristotélica em crise na quarta parte de *Leviatã*, "Do Reino das Trevas". Sobre esta ruptura, observa Simone Goyard-Fabre que "Hobbes é profundamente antiaristotélico e, de maneira mais radical, antigrego: a imagem da bela 'totalidade', valorizada pelo antigo pensamento helênico, está a léguas de distância de sua própria visão de sociedade." (GOYARD-FABRE, Simone. *Os Princípios Filosóficos do Direito Político Moderno*. Trad. Irene Paternot. São Paulo: Martins Fontes, 1999, p.82).

[106] O "cientificismo pretendido pela teoria hobbesiana abre à evidência um registro novo para a filosofia do direito político. Nesse registro escrevem-se, com uma nitidez incisiva, no passo geométrico do mecanicismo, os paradigmas da modernidade jurídica e política". (GOYARD-FABRE, Simone. *Os Princípios Filosóficos do Direito Político Moderno*. Trad. Irene Paternot. São Paulo: Martins Fontes, 1999, p.31).m

artificial[107]), é instituído com poderes inerentes de soberania, entre os quais, o de ser o único criador e aplicador das leis[108] (considerando o Direito em si nesta visão).

Outro marco no desenvolvimento das relações entre Estado e Direito é encontrado pela emergência do constitucionalismo. Com a figura da Constituição (moderna), o poder político é contido pelo Direito, ainda que com manifestações muito diferentes a depender do Estado em questão. A noção de uma lei suprema, que valida a emissão de novas leis, prevê a estrutura e funcionamento do Estado e determina os limites da atuação do Estado em relação aos indivíduos, transforma profundamente a concepção de soberania e, consequentemente, o modo como o Direito e Estado poderiam ser compreendidos.

Assim, o Estado, única fonte de emissão do Direito, estava por ele limitado. Este é um problema de autolimitação do Estado, paradoxal para a então tradicional Teoria Geral do Estado. Kelsen, como será visto adiante, aponta que este problema insolúvel de sujeito do Estado era causado pela errônea concepção de que Estado e Direito são entes distintos[109].

Kelsen deixa em diversos escritos uma característica do jusnaturalismo que se reflete também na então distinção entre Direito e Estado: a dualidade. A dualidade de entes ou ordens será alvo de críticas de Kelsen ao longo de sua extensa obra. A distinção entre Estado e Direito, entre Direito Privado e Direito Público, entre Direito Interno e Direito Internacional, entre Direito Natural e

---

[107] "Mediante este contrato el status naturalis se convierte en status civilis, y este contrato fundamental es la vez social y de sujeción, apariecendo, em vez del individuo sin lazo alguno, la persona civilis, el Estado". (JELLINEK, Georg. *Teoria General del Estado*. Traducción Enrique Figueroa Alfonzo. Ciudad del Mexico: Editorial Iberoamericana, 1997, p. 122)

[108] HOBBES, Thomas. *Leviatã*. Trad. João Paulo Monteiro et al. São Paulo: Abril Cultural, 1983, p. 110.

[109] "Não existe dificuldade alguma, a menos que a pessoa do Estado, essa personificação da ordem jurídica nacional, seja hipostatizada em um ser supra-individual, e se fala, então, de obrigações e direitos do Estado no mesmo sentido com que se fala de obrigações e direitos dos indivíduos". (KELSEN, Hans. *Teoria Geral do Direito e do Estado*. Trad. Luiz Carlos Borges. São Paulo: Martins Fontes, 2005, p. 284).

Direito Positivo, são dualismos a serem desmistificados por Kelsen.

Tal dualidade concebe o Estado como uma pessoa superior (*Makroanthropos*) detentora de direitos e deveres como os cidadãos (ou súditos), todavia enquanto uma pessoa artificial, sua vontade é manifestada por alguém que exerce a autoridade. Mesmo com o dilema acerca do titular da soberania – monarca, parlamento ou povo – sempre há uma autoridade que representava o poder soberano nos atos de Estado.

De acordo com Kelsen, a dualidade entre Estado e Direito obscurece um exame puro enquanto objeto, em razão da carga ideológica inerente à esta distinção. Este dualismo:

> Desempenha uma função ideológica de importância extraordinária que não pode ser superestimada. O Estado deve ser representado como uma pessoa diferente do Direito e lhe submete. E o direito só pode justificar o Estado quando é pressuposto como uma ordem essencialmente diferente do Estado, oposta à sua originária natureza, o poder, e, por isso mesmo, reta ou justa em qualquer sentido. Assim o Estado é transformado, de um simples fato de poder, em Estado de Direito que se justifica pelo fato de fazer direito[110].

Essa passagem de *Teoria Pura do Direito* permite duas reflexões básicas:

A primeira é a necessidade da visão não ideológica para uma confiável análise do Estado em conformidade com o método por ele proposto. Esta é uma concepção de ciência ainda herdada da neutralidade weberiana, mas que também carrega uma influência da filosofia analítica, pois há uma crítica à dualidade semântica que

---

[110] KELSEN, Hans. *Teoria Pura do Direito*. Trad. João Baptista Machado. São Paulo: Martins Fontes, 2006, p. 316.

acaba gerando na linguagem dois entes diferentes: Estado e Direito. A segunda é a desvinculação da ideia de Estado de Direito da noção de legalismo. Kelsen é um autor muito mal lido ou de certa forma, mal compreendido, quando dizem aos ventos ser um autor que defende o Estado de Direito como Estado de Legalidade. Esta questão foi explorada no Capítulo 2.

Kelsen, ao criticar a dualidade entre Direito e Estado, está atacando a carga ideológica de legalismo, não a reforçando[111]. Quando diz que é possível conhecer o direito independente de seu conteúdo, ele busca desvincular o ideal de um Estado de Direito da própria ordem jurídica. Na primeira página da *Teoria Pura do Direito* Kelsen deixa evidente do que se trata a obra: "É ciência jurídica e não política do Direito"[112]. Isto permanece inalterado, constando também na primeira edição da obra de 1934, com as mesmas exatas palavras: "*Sie ist Rechtswissenschaft, nicht aber Rechtspolitik*"[113].

Na teoria kelseniana, portanto, mostra-se incorreto conhecer o Estado como ente anterior ao Direito, porque são a mesma entidade. A dualidade existe apenas como uma intenção de colocar o Estado como uma pessoa além da realidade. Esta reificação pela tradicional teoria teria como propósito legitimar o Direito emitido e aplicado, uma vez que é pelo próprio Estado criado. Assim, "o dualismo de Direito e Estado é uma duplicação supérflua do objeto de nossa cognição, um resultado de nossa tendência a personificar e então hipostatizar nossas personificações"[114].

---

[111] Explica Simone Goyard-Fabre, ao mencionar que Kelsen não um é positivista no aspecto filosófico de ideologia legalista, que "a teoria pura do direito elabora uma ciência normativa do direito, não porque estabelece ou constrói normas, mas porque estuda como as normas em vigor hic et nunc no direito positivo tornam possível a interpretação das condutas humanas" (GOYARD-FABRE, Simone. *Os Princípios Filosóficos do Direito Político Moderno*. Trad. Irene Paternot. São Paulo: Martins Fontes, 1999, p. 253.).
[112] KELSEN, Hans. *Teoria Pura do Direito*. Trad. João Baptista Machado. São Paulo: Martins Fontes, 2006, p. 1.
[113] KELSEN, Hans. *Reine Rechtslehre*: Einleitung in die rechtswissenschaftliche Problematik. Studienausgabeder 1. Auflage 1934. Tübingen: Mohr Siebeck, 2008, p. 1.
[114] KELSEN, Hans. *Teoria Geral do Direito e do Estado*. Trad. Luiz Carlos Borges. São Paulo: Martins Fontes, 2005, p. 275.

3.3 A delimitação do fundamento do conhecimento do Estado (e do Direito)

O desenvolvimento conceitual de Estado na obra kelseniana precisa ser estudado em conjunto tanto com o caráter epistemológico quanto no tocante às suas relações com o Direito Internacional. A pureza do normativismo kelseniano, apresentada nos três primeiros capítulos da *Teoria Pura do Direito*, encontra amparo nas outras ideias de Kelsen, o que reforça o argumento de que a pretensão da obra não é a criação de uma teoria com a pretensão (impossível) de purificar o Direito em si, mas sim de um método que pudesse encontrar uma pureza científica de um objeto. A pureza não é do objeto; é da teoria[115].

As separações propostas no início da *Teoria Pura do Direito* (*Direito e Natureza; Direito e Moral; Direito e Ciência*) e o forte monismo (em muitos aspectos) do Direito marcam o normativismo kelseniano. A compreensão da teoria kelseniana do Direito necessita de uma visão totalizante de seu alcance. A *Teoria Pura do Direito* não é direcionada a ser uma explicação Direito de um Estado em especial, como a Áustria ou a Alemanha, mas qualquer Direito de qualquer Estado[116] desde que tenha características[117] que permitam sua apreensão juridicamente[118].

---

[115] KELSEN, Hans. *Teoria Pura do Direito*. Trad. João Baptista Machado. São Paulo: Martins Fontes, 2006, p. 1.

[116] Conforme a primeira frase da primeira página: "A Teoria Pura do Direito é uma teoria do Direito positivo – do Direito positivo em geral, não de uma ordem jurídica especial". (KELSEN, Hans. *Teoria Pura do Direito*. Trad. João Baptista Machado. São Paulo: Martins Fontes, 2006, p. 1.).

[117] "Aquilo que se concebe como forma do Estado é apenas um caso especial da forma do Direito em geral. É a forma do Direito, isto é, o método de criação jurídica no escalão mais elevado da ordem jurídica, ou seja, no domínio da Constituição". (KELSEN, Hans. *Teoria Pura do Direito*. Trad. João Baptista Machado. São Paulo: Martins Fontes, 2006, p. 310.).

[118] "Apreender algo juridicamente não pode, porém, significar senão apreender algo como Direito, o que quer dizer: como norma jurídica ou conteúdo de uma norma jurídica, como determinado através de uma norma jurídica". (KELSEN, Hans. *Teoria Pura do Direito*. Trad. João Baptista Machado. São Paulo: Martins Fontes, 2006, p. 79).

O Estado, em termos específicos de Kelsen, nada mais é que a delimitação (feita pelo Direito Internacional) em nos quatros domínios de validade: territorial, pessoal, temporal e material. São os mesmos domínios de validade das normas, apresentados no primeiro capítulo de *Teoria Pura do Direito*[119]. Esta passagem do Capítulo VII demonstra claramente o entendimento de Kelsen:

> O conceito de Estado não pode ser definido sem referência ao Direito internacional. Visto desta posição, ele é uma ordem jurídica parcial, imediata em face do Direito internacional, relativamente centralizada, com um domínio de validade territorial e temporal jurídico-internacionalmente limitado e, relativamente à esfera de validade material, com uma pretensão à totalidade *(Totalitätsanspruch)* apenas limitada pela reserva do Direito internacional[120].

Conforme Kelsen, "é de fato pelo Direito Internacional que é determinado o domínio territorial e pessoal, bem como o temporal e material de validade das ordens jurídicas nacionais. As normas que regulam esses sujeitos são essencial e necessariamente normas de Direito Internacional"[121].

O Direito existe como um todo em toda a realidade internacional, em todas as sociedades, mas é dividido por domínios de validades, os Estados. Cada Estado é uma fonte de criação e execução normativa, que se juntam como um todo em um plano maior. Em outras palavras, o Direito de um Estado, ou seja, ele próprio, nada

---

[119] "Além dos domínios de validade espacial e temporal pode ainda distinguir-se um domínio de validade pessoal e um domínio de validade material das normas". (KELSEN, Hans. *Teoria Pura do Direito*. Trad. João Baptista Machado. São Paulo: Martins Fontes, 2006, p. 15)
[120] KELSEN, Hans. *Teoria Pura do Direito*. Trad. João Baptista Machado. São Paulo: Martins Fontes, 2006, p. 377.
[121] KELSEN, Hans. *Princípios de Direito Internacional*. Tradução de Ulrich Dressel e Gilmar Antonio Bedin. Ijuí: Ed. Unijuí, 2010, p. 267.

mais é que uma delimitação normativa. Assim, "essas ordens normativas designadas Estados se caracterizam precisamente pelo fato de que seus domínios territoriais de validade são limitados"[122].

O Direito Internacional é, para Kelsen, uma ordem normativa com um sistema de normas válidas que se destinam a regular o comportamento humano (ainda que de forma mediata) nos domínios pessoal, material, temporal e no espacial[123]. A básica diferença entre o Direito Internacional e o Direito do Estado é a limitação dessas ordens. Segundo o autor, "a ordem jurídica tradicionalmente chamada Direito Internacional não contém normas limitantes de domínios da validade"[124].

O Estado, por sua vez, seria uma ordem de validade com essas quatro limitações dadas pelo Direito Internacional. O Estado vale em um determinado território, vale em um determinado tempo, vale sobre determinadas pessoas que habitam o território ou com ele tem algum vínculo e normatiza determinados assuntos.

Kelsen rejeita a dualidade entre Direito e Estado[125]. Como o Estado em sua teoria é uma pessoa jurídica que está contida em um conjunto de normas, ele não ultrapassa a existência do Direito. Nenhuma validade do Direito é possível ser inferida considerando o Estado como uma realidade política; de fato, a política existe em outro plano alheio ao jurídico e tem um método de conhecimento diferente do método do Direito.

A chamada jurisprudência de valores faz fundamentar o direito em decisões políticas, como se a política fizesse parte de sua cognição; o Direito por vez, como pode ser compreendido per si, pode ser produzido sem a interferência externa de outra realidade. O Direito cria a si mesmo, seu processo de criação e reprodução é dado por ele mesmo. O Direito permite a existência do Estado; o

---

[122] KELSEN, Hans. *Princípios de Direito Internacional.* Tradução de Ulrich Dressel e Gilmar Antonio Bedin. Ijuí: Ed. Unijuí, 2010, p. 269.

[123] KELSEN, Hans. *Teoria Pura do Direito.* Trad. João Baptista Machado. São Paulo: Martins Fontes, 2006, p. 361.

[124] KELSEN, Hans. *Princípios de Direito Internacional.* Tradução de Ulrich Dressel e Gilmar Antonio Bedin. Ijuí: Ed. Unijuí, 2010, p. 267.

[125] KELSEN, Hans. *Teoria Geral do Direito e do Estado.* Trad. Luiz Carlos Borges. São Paulo: Martins Fontes, 2005, p. 279.

Estado regula o processo de criação do Direito.

O Estado por sua vez, como delimitação normativa, produz o Direito internamente e externamente à sua esfera de validade. Internamente é o Direito do Estado, que por procedimentos formais as normas são emitidas e aplicadas. Externamente, o Direito produzido com resultado das relações jurídicas entre dois ou mais Estados é o Direito Internacional[126]. Como o Estado não está sozinho no mundo, há a necessidade da formulação de normas que possam prescrever certas condutas aos governantes dos Estados e que sejam destinadas a eles[127].

A imperatividade do Direito Internacional é uma questão que se revela na determinação da validade: o Direito Internacional é um conjunto de normas separado do Direito Interno ou ambos são partes de uma mesma ordem jurídica? Qual hierarquicamente é superior? Estas serão algumas questões que são debatidas no capítulo seguinte na busca por uma norma fundamental do Direito Internacional e consequentemente também o Direito do Estado[128].

Como o Direito (nacional) corresponde ao Estado e o Estado vige dentro dos quatro domínios de validade, então importa saber que o sistema funciona com a criação e execução de normas dentro de uma relação de validade entre elas. Qualquer ato normativo ou lei emitidos nesse sistema precisa obedecer a um critério de validade de acordo com outra norma que por sua vez é válida por corresponder à outra norma. Toda a relação normativa é válida ou inválida, dependendo da concordância ou não com o fundamento. A identificação do Direito para Kelsen depende da ideia de norma fundamental, fundamento (hipotético-transcendental) para a cognição de validade de uma ordem jurídica (interna ou internacional).

---

[126] KELSEN, Hans. *Teoria Pura do Direito*. Trad. João Baptista Machado. São Paulo: Martins Fontes, 2006, p. 355.
[127] KELSEN, Hans. *Teoria Pura do Direito*. Trad. João Baptista Machado. São Paulo: Martins Fontes, 2006, p. 361.
[128] KELSEN, Hans. *Teoria Pura do Direito*. Trad. João Baptista Machado. São Paulo: Martins Fontes, 2006, p. 241.

3.4 A norma fundamental é essencial para (conhecer) o Estado

A questão da norma fundamental foi tratada no Capítulo 1 deste livro. Vale, porém, fazer algumas considerações sobre o assunto neste momento também.

Para Kelsen, o principal dilema sobre o fundamento da ordem jurídica é seu fechamento em um sistema como objeto de conhecimento sem uma nódoa no processo de cognição. Se há uma busca por conhecer o Direito enquanto fenômeno normativo com um método de uma doutrina pura, o fundamento de validade para compreendê-lo não pode se encontrar em outro campo do conhecimento, como a filosofia, a política ou a economia[129]. Esta comunicação entres ordens para o fundamento de validade é o que Kelsen pretende evitar, ao buscar o recurso lógico da norma fundamental, uma saída epistemológica[130] para uma compreensão científica de seu objeto de conhecimento.

A norma fundamental é uma hipótese formal que impede uma infinita regressão para o fundamento de validade[131]. Isso significa que essa norma não provém comandos, mas concede validade para a norma com conteúdo de escalão mais alto na hierarquia das

---

[129] Como Kelsen deixa evidente no Prefácio à primeira edição, "logo desde o começo foi meu intento elevar a Jurisprudência, que – aberta ou veladamente – se esgotava quase por completo em raciocínios de política jurídica, à altura de uma genuína ciência, de uma ciência do espírito". (KELSEN, Hans. *Teoria Pura do Direito*. Trad. João Baptista Machado. São Paulo: Martins Fontes, 2006, p. XI).

[130] Kelsen encerra o apêndice da segunda edição de Teoria Pura do Direito deixando evidente o caráter hipotético da normal fundamental: "A norma fundamental definida pela Teoria Pura do Direito não é um direito diferente do direito positivo: ela apenas é o seu fundamento de validade, a condição lógico-transcendental da sua validade e, como tal, não tem qualquer caráter ético-político, mas apenas um caráter teorético-gnoseológico". (KELSEN, Hans. *A Justiça e o Direito Natural*. Trad. João Baptista Machado. Coimbra: Almedina, 2009, p. 153). Conferir também a edição em alemão: KELSEN, Hans. *Reine Rechtslehre*. Studienausgabe der 2. Auflage 1960. Tübingen: Mohr Siebeck, 2013, p. 754. O termo usado por Kelsen nesta definição é *erkenntnistheoretischen Charakter*, que também pode ser traduzido por "caráter epistemológico".

[131] KELSEN, Hans. *Teoria Geral do Direito e do Estado*. Trad. Luiz Carlos Borges. São Paulo: Martins Fontes, 2005, p. 181.

normas[132]. É uma operação lógica de dedução que determina que a norma mais geral possível, a pressuposta, forneça a validade para as mais particulares, sempre em sequência lógica[133]. Ainda que a ideia de norma fundamental não seja uma exclusividade de Kelsen, a sua se caracteriza por ser uma norma fundamental analítica, ou seja, é um mero pressuposto epistemológico.

Não há auto-evidência na ideia de exigibilidade de norma, porque é dada por um ato de vontade. Toda norma se constitui em um ato de vontade de uma autoridade e sua obrigatoriedade é proveniente do fato de ser produto dessa vontade[134]. A pressuposição é a de concordância com a vontade do emissor da norma, ou seja, a autoridade, que por sua vez a emite dentro dos limites do próprio sistema. O que é validado pela norma fundamental é a forma das normas, não o conteúdo normativo. O direito é, pois, uma ordem dinâmica porque sua norma fundamental apenas valida o fenômeno normativo, mas não é uma norma com conteúdo em si, estanque[135]. Ela é um pressuposto de poder de criação de normas de autoridades – como os legisladores constituintes – do qual todas as normas dentro de um sistema retiram a validade.

A norma válida tem sua juridicidade formalmente vinculada a uma ordem formada por normas que se relacionam num sistema de validade que termina em uma norma cuja função é simplesmente pressupor autoridade criadora da norma. O sistema se fecha logicamente: o sistema não se fundamenta numa força política ou

---

[132] "A análise do Direito, que revela o caráter dinâmico desse sistema normativo e a função da norma fundamental, também expõe uma peculiaridade adicional do Direito: o Direito regula a sua própria criação. [...] A relação entre a norma que regula a criação de outra norma e essa outra norma pode ser apresentada como uma relação de supra e infraordenação, que é uma figura espacial de linguagem. A norma que determina a criação de outra norma é a norma superior, e a norma criada segundo essa regulamentação é a inferior". (KELSEN, Hans. *Teoria Geral do Direito e do Estado*. Trad. Luiz Carlos Borges. São Paulo: Martins Fontes, 2005, p. 181).

[133] Sobre este aspecto, explica Alexy que "o instrumento mais importante para desfazer a circularidade contida no conceito de validade jurídica em sentido estrito é a norma fundamental" (ALEXY, Robert. *Conceito e Validade do Direito*. Trad. Gercélia Mendes. São Paulo: Martins Fontes, 2009, p. 114.).

[134] KELSEN, Hans. *Teoria Pura do Direito*. Trad. João Baptista Machado. São Paulo: Martins Fontes, 2006, p. 5-6.

[135] KELSEN, Hans. On the Basic Norm. *California Law Review*. v.47, n. 1, pp. 107-110, 1959, p. 108.

numa norma moral, o que permite ao direito uma autonomia epistemológica[136].

Por outro lado, essa autonomia se desvincula da submissão suposta do direito à determinada posição política dada como correta ou a uma moral dada como verdadeira. Nesse sentido, para Kelsen, o estudo da moral tem relevância para uma ciência da ética, não do direito. A distinção fundamental entre direito e moral não está no conteúdo de suas normas; está sim na possiblidade de uma coação aplicada por uma autoridade com o propósito de tornar a ordem eficaz. Ao contrário da moral, o direito é caracterizado por ser uma "ordem normativa da conduta humana ligando à conduta oposta um ato de coação socialmente organizado"[137].

Vazia de conteúdo e pressuposta, não posta, a norma fundamental é um recurso epistemológico. Apesar de não ser um conceito com uma única definição na obra de Kelsen, a norma fundamental segundo o autor, pode ser definida como "a fonte comum de validade de todas as normas pertencentes a uma e mesma ordem normativa, o seu fundamento de validade comum"[138]. Ela permite a identificação do direito como um sistema normativo dinâmico. Diferentemente de um sistema estático, cuja obrigatoriedade das normas vem de seu conteúdo, um sistema dinâmico, como o direito, tem seu caráter obrigatório provindo da forma como são criadas, de um ato de vontade que seguiu determinada forma. Nesse caso, o direito é um sistema dinâmico porque sua norma fundamental dá o poder para a produção do ato de vontade, ou seja, "pelo fato de a norma fundamental pressuposta não ter por conteúdo senão a instituição de um fato produtor de

---

[136] "Teoria Pura do Direito pergunta: como é possível uma interpretação, não reconduzível a autoridades metajurídicas, como Deus ou a natureza, do sentido subjetivo de certos fatos como um sistema de normas jurídicas objetivamente válidas descritíveis em proposições jurídicas? A resposta epistemológica (teorético-gnoseológica) da Teoria Pura do Direito é: sob a condição de pressupormos a norma fundamental: devemos conduzir-nos como a Constituição prescreve, quer dizer, de harmonia com o sentido subjetivo do ato de vontade constituinte, de harmonia com as prescrições do autor da Constituição". (KELSEN, Hans. *Teoria Pura do Direito*. Trad. João Baptista Machado. São Paulo: Martins Fontes, 2006, p.225).
[137] KELSEN, Hans. *Teoria Pura do Direito*. Trad. João Baptista Machado. São Paulo: Martins Fontes, 2006, p. 71.
[138] KELSEN, Hans. *Teoria Pura do Direito*. Trad. João Baptista Machado. São Paulo: Martins Fontes, 2006, p. 217.

normas, a atribuição de poder a uma autoridade legisladora"[139].

A validade da norma jurídica, deste modo, não é vinculada a certo conteúdo, mas ao ato de criação normativa por uma autoridade, que por sua vez retirar, em última instância, sua competência de emitir normas da norma fundamental. Segundo Kelsen:

> A norma fundamental de uma ordem jurídica não é uma norma material que, por seu conteúdo ser havido como imediatamente evidente, seja pressuposta como a norma mais elevada da qual possam ser deduzidas – como do particular para o geral – normas de conduta humana através de uma operação lógica. As normas de uma ordem jurídica têm de ser produzidas através de um ato especial de criação[140].

A ideia de norma vazia de conteúdo se coaduna estritamente com a ideia de norma como juízo, é desenvolvida por Kelsen no início de sua *Teoria Pura do Direito*. Longe de almejar uma definitiva definição, o autor entende que a norma é um esquema de interpretação. O que isto significa? Que a norma diz o que é o jurídico de um determinado ato, ou seja, é ela quem dá a significação jurídica a certa conduta humana. Essa norma que dá o caráter jurídico a um ato por sua vez recebe seu significado jurídico de outra norma.

A ideia de norma "quer significar que algo deve ser ou acontecer, especialmente que um homem se deve conduzir de determinada maneira"[141]. A norma não é um mero comando, mas o sentido objetivo de um ato de vontade. Como a criação da norma não é um ato de conhecimento – como a produção de um estudo sobre o

---

[139] KELSEN, Hans. *Teoria Pura do Direito*. Trad. João Baptista Machado. São Paulo: Martins Fontes, 2006, p. 219.

[140] KELSEN, Hans. *Teoria Pura do Direito*. Trad. João Baptista Machado. São Paulo: Martins Fontes, 2006, p. 221.

[141] KELSEN, Hans. *Teoria Pura do Direito*. Trad. João Baptista Machado. São Paulo: Martins Fontes, 2006, p. 6.

direito – e sim de vontade, o sentido objetivo é dado por uma Constituição evidencia o dever-ser. Desta forma, "a norma é o sentido de um ato através do qual uma conduta é prescrita, permitida ou especialmente facultada, no sentido de adjucada a competência a alguém. [...] Na verdade, a norma é um dever-ser e o ato de vontade de que ela constitui um sentido é um ser"[142].

Entender o sentido da norma como sentido permite compreender a necessária separação de Direito e natureza, que é o primeiro ponto debatido na *Teoria Pura do Direito*. A natureza faz parte da realidade do ser. O Direito, como ordem social, regula a conduta humana, emprestando a essa conduta uma significação[143].

Nessa ideia, o que diz o que o Estado é são normas jurídicas. O Brasil, por exemplo, na natureza seria um espaço físico no qual habitam pessoas. O Brasil, porém, não existe no mundo do ser, é, pois, um dever-ser. As normas internacionais, com o estabelecimento de fronteiras, e a Constituição, é quem fazem do Brasil o Brasil[144].

3.5 Centralização e Descentralização: uma questão de nomodinâmica

Nesse ponto se coloca uma questão que poderia suscitar dúvidas acerca da equivalência entre Direito e Estado em Kelsen. Como já anteriormente esclarecido, todo Estado é Direito (no sentido evidente de ordenamento jurídico), mas nem todo Direito é Estado. O Direito Internacional é Direito, mas não é Estado. O elemento central que caracteriza o Direito enquanto Estado é a centralização, que por sua vez, gera a delimitação dos domínios de validade (pessoal, territorial, temporal e material).

---

[142] KELSEN, Hans. *Teoria Pura do Direito*. Trad. João Baptista Machado. São Paulo: Martins Fontes, 2006, p. 6.
[143] KELSEN, Hans. *Teoria Pura do Direito*. Trad. João Baptista Machado. São Paulo: Martins Fontes, 2006, p. 16.
[144] KELSEN, Hans. *Teoria Pura do Direito*. Trad. João Baptista Machado. São Paulo: Martins Fontes, 2006, p. 316-321.

Kelsen deixa claro que *a priori* não está excluído o desenvolvimento do Direito Internacional a ponto de se tornar Estado mundial, mas necessitaria da transformação centralizadora para seu domínio territorial equivaler ao do Direito Internacional[145]. A transformação do Direito Internacional em um Estado mundial ocorreria, num futuro possível, de duas maneiras: (i) pela via do imperialismo, na qual um Estado estenderia sua soberania à força sobre outros Estados; (ii) pela via do federalismo, em que cada qual dos Estados voluntariamente se uniriam em uma crescente centralização para uma federação universal de Estados, culminando até mesmo em um Estado unitário a depender do grau de centralização[146].

Os conceitos de centralização (*Zentralisation*) e descentralização (*Dezentralisation*) das ordens jurídicas permitem um entendimento mais completo de como o Estado é seu próprio ordenamento. Todavia, como acima dito, nem toda ordem jurídica necessariamente se constitui como Estado. Tal noção permite a compreensão dos elementos que configuram o Estado por parte de Kelsen que, em certa medida, se diferenciam dos elementos identificados pela tradicional Teoria Geral do Estado – principalmente por grande influência de Jellinek[147] –, sendo poder, território e povo[148].

Como uma ordem jurídica, o Estado vige[149]. Possui validade em um determinado território e tem como destinatária de suas normas sua população. O Estado é uma ordem jurídica consideravelmente

---

[145] KELSEN, Hans. *Teoria Geral do Direito e do Estado*. Trad. Luiz Carlos Borges. São Paulo: Martins Fontes, 2005, p. 464.

[146] KELSEN, Hans. *Juízo sobre a tese de Umberto Campagnolo*. In: KELSEN, Hans; CAMPAGNOLO, Humberto. *Direito Internacional e Estado Soberano*. Organizado por Mario G. Losano. Trad. Marcela Varejão. São Paulo: Martins Fontes, 2002, p. 134.

[147] Claramente é possível notar Kelsen contraditando lições de Jellinek em diversos momento de KELSEN, Hans. *Allgemeine Staatslehre*. Wien: Österreichische Staatsdruckerei, 1993. Conferir também a tradução em espanhol KELSEN, Hans. *Teoría General del Estado*. Trad. Luis Legaz Lacambra. Granada: Editorial Comares, 2002.

[148] KELSEN, Hans. *Teoria Geral do Direito e do Estado*. Trad. Luiz Carlos Borges. São Paulo: Martins Fontes, 2005, p. 299; KELSEN, Hans. *Teoria Pura do Direito*. Trad. João Baptista Machado. São Paulo: Martins Fontes, 2006, p. 318.

[149] KELSEN, Hans. *Teoria Pura do Direito*. Trad. João Baptista Machado. São Paulo: Martins Fontes, 2006, p. 235-238 e 316-321.

centralizada (mas não totalmente). Este é um aspecto fundamental que o distingue da ordem jurídica internacional, que é descentralizada, mas nem por isso deixa de se constituir como um conjunto de normas válidas.

A centralização ou descentralização nunca será total em uma ordem jurídica, a não ser num plano ideal; o Direito positivo sempre possuirá alguma centralização e descentralização parciais[150]. O grau de centralização/descentralização distingue o Direito Internacional do Direito Nacional[151]. Este é caracterizado normalmente por uma centralização estática e necessariamente uma centralização dinâmica; aquele, pela descentralização nos dois sentidos.

A descentralização do Direito Internacional é tanto estática e dinâmica[152]. A primeira se perfaz no complemento entre as normas comunidade internacional e as ordens jurídicas parciais, os próprios Estados. A segunda se refere à característica de produção e aplicação normativa descentralizada, uma vez que o Direito Internacional não é produzido por nenhum órgão especializado e sim pelos próprios destinatários, os Estados nas duas principais fontes: os costumes e os tratados.

Por sua vez, a ordem jurídica estatal – ou seja, o Estado nacional – "é uma ordem jurídica relativamente centralizada. Especialmente característica de uma ordem jurídica que constitui um Estado é a

---

[150] "A centralização e a descentralização totais são apenas polos ideais. Existe certo grau determinado abaixo do qual a centralização não pode descer, e certo grau máximo que a descentralização não pode ultrapassar sem a dissolução da comunidade jurídica; pelo menos uma norma, a saber, a norma fundamental, deve ser válida para o território inteiro, já que, do contrário, este não seria o território de uma ordem jurídica única, e não poderíamos falar de descentralização como a divisão territorial de uma mesma comunidade jurídica. O Direito positivo conhece apenas a centralização e a descentralização parciais" KELSEN, Hans. *Teoria Geral do Direito e do Estado*. Trad. Luiz Carlos Borges. São Paulo: Martins Fontes, 2005, p. 437).

[151] "A diferença entre Direito nacional e Direito internacional é apenas relativa; ela consiste, em primeiro lugar, no grau de centralização ou descentralização" (KELSEN, Hans. *Teoria Geral do Direito e do Estado*. Trad. Luiz Carlos Borges. São Paulo: Martins Fontes, 2005, p. 463).

[152] KELSEN, Hans. *Teoria Geral do Direito e do Estado*. Trad. Luiz Carlos Borges. São Paulo: Martins Fontes, 2005, p. 464-466.

LEVANDO KELSEN A SÉRIO

centralização da aplicação do Direito"¹⁵³. A tensão constante entre centralização e descentralização é uma qualidade necessária para o Direito do Estado. De acordo com Kelsen, como acima dito, não há ordens totalmente parciais ou totalmente centrais no direito positivo.

O Estado também possui como aspectos de sua centralização a estática e a dinâmica. A descentralização estática é diretamente ligada à esfera de validade territorial. As normas jurídicas do Direito Nacional são direcionadas para a população em geral, mas em certos casos menos pessoas, dependendo de seu conteúdo ou do local. Todavia, tais ordens locais se complementam em uma ordem geral na formação da ordem jurídica nacional¹⁵⁴.

A descentralização dinâmica do Estado se refere à multiplicidade de órgãos que criam e aplicam o Direito, ou seja, a como as normas são criadas e executadas. Aqui procura-se verificar se as normas são criadas ou aplicadas por um ou vários órgãos e, ainda, como tais órgãos são criados. Assim, este âmbito da descentralização leva em conta a pluralidade de órgãos ao invés da questão territorial¹⁵⁵.

Enquanto ordem jurídica composta pelos quatro domínios de validade, o Estado produz e aplica suas próprias normas de modo centralizado (nunca totalmente!). A centralização dependerá da configuração do próprio Estado, em especial sua repartição de competências e sua organização territorial. Assim, a escala de centralização/descentralização definirá se a forma do Estado será unitária ou federal¹⁵⁶.

¹⁵³ KELSEN, Hans. *Teoria Geral do Direito e do Estado*. Trad. Luiz Carlos Borges. São Paulo: Martins Fontes, 2005, p. 463.
¹⁵⁴ Se a legislação e a execução forem parcialmente centralizadas ou parcialmente descentralizadas, a esfera material de validade da ordem jurídica, a competência da comunidade total, é dividida entre a ordem central (e a comunidade jurídica central constituída por essa ordem) e as ordens locais (ou as comunidades jurídicas locais constituídas por essas ordens locais) (KELSEN, Hans. *Teoria Geral do Direito e do Estado*. Trad. Luiz Carlos Borges. São Paulo: Martins Fontes, 2005, p. 438.).
¹⁵⁵ KELSEN, Hans. *Teoria Geral do Direito e do Estado*. Trad. Luiz Carlos Borges. São Paulo: Martins Fontes, 2005, p. 440-441.
¹⁵⁶ "A diferença entre um Estado centralizado e um descentralizado deve ser uma diferença nas suas ordens jurídicas. Na verdade, todos os problemas de centralização e descentralização, como veremos, são problemas referentes às esferas de validade das normas jurídicas e dos órgãos que as criam e aplicam. Apenas uma teoria jurídica pode fornecer a resposta para a questão da natureza da centralização

A descentralização como aspecto de uma ordem jurídica se relaciona ao domínio territorial de validade do Estado[157]. Há normas em uma mesma ordem jurídica aplicáveis a distintas delimitações territoriais. Tais normas podem regulamentar uma mesma matéria, mas com manifestações diferentes dependendo da região dentro do Estado. Quanto maior for a descentralização de uma ordem jurídica, maior é a heterogeneidade dos conteúdos normativos. A descentralização de um Estado também pode ser maior conforme a variação das condições sociais e o tamanho do território[158].

Nessa variação entre descentralização e centralização na ordem jurídica dos Estados (que é parcialmente centralizada), é possível diferenciar os unitários dos federais[159] por algumas características básicas de cada destas formas. O grau de descentralização possibilita compreender o que é um Estado unitário e o que é um Estado federal sob o ponto de vista da ciência do direito.

O Estado unitário tem como características elementares a concentração da produção e aplicação do direito em órgãos localizados territorialmente no poder central. Apesar de ser observável alguma descentralização, suas subdivisões territoriais não são autônomas o suficiente para conseguirem manter com o poder central uma relação de coordenação, apenas de subordinação.

Por sua vez, o Estado federal reúne diversas unidades políticas em um mesmo território e sob uma mesma soberania, logo, diversas ordens jurídicas parciais dentro de uma ordem jurídica nacional[160]. É

---

e da descentralização". (KELSEN, Hans. *Teoria Geral do Direito e do Estado*. Trad. Luiz Carlos Borges. São Paulo: Martins Fontes, 2005, p. 433).

[157] KELSEN, Hans. *Teoria Geral do Direito e do Estado*. Trad. Luiz Carlos Borges. São Paulo: Martins Fontes, 2005, p. 434.

[158] KELSEN, Hans. *Teoria Geral do Direito e do Estado*. Trad. Luiz Carlos Borges. São Paulo: Martins Fontes, 2005, p. 435.

[159] "Apenas o grau de descentralização diferencia um Estado unitário dividido em províncias autônomas de um Estado federal". (KELSEN, Hans. *Teoria Geral do Direito e do Estado*. Trad. Luiz Carlos Borges. São Paulo: Martins Fontes, 2005, p. 451).

[160]O Estado federal ""apresenta um grau de descentralização ainda compatível com uma comunidade jurídica constituída por Direito nacional, isto é, com um Estado, e um grau de centralização não mais compatível com uma comunidade jurídica internacional" (KELSEN, Hans. *Teoria Geral do Direito e do Estado*. Trad. Luiz Carlos Borges. São Paulo: Martins Fontes, 2005, p. 451.).

uma configuração descentralizada em muitos aspectos, apesar de um necessário poder central que mantenha a federação unida.

Kelsen, neste contexto, entende que "a ideia do Estado federal é justamente que a existência, isto é, a esfera jurídica dos estados-membros, seja garantida, bem como a do assim chamado Estado central (federal)"[161].

Enquanto uma ordem jurídica nacional e complexa, o Estado federal em si é a junção de mais de um nível de ordem jurídica, em dois âmbitos diferentes: (i) as normas federais (ou centrais), com vigência por todo o território nacional; (ii) as normas locais, que correspondem ao ordenamento jurídico de cada divisão política da federação, os entes subnacionais. Estes, por sua vez, podem adotar denominações diferentes a depender do País (e idioma) em questão. Podem ser Estados (como no Brasil e nos Estados Unidos), Províncias (Canadá e Argentina), Cantões (Suíça), *Länder* (Alemanha e Áustria), *Oblasts, Krais*, Repúblicas (estas três denominações, da Federação Russa, que ainda possui outras designações de seus entes subnacionais).

A descentralização, como acima explicado, nos Estados federais, é também dinâmica. Enquanto as normas federais são produzidas pelos órgãos da União (ou equivalente), denominada de legislatura da federação, os Estados federados possuem também órgãos produtores de normas para suas próprias ordens jurídicas.

Uma questão interessante neste aspecto do entendimento de Kelsen sobre como compreender a federação sob o ponto de vista da *Teoria Pura do Direito* é a relação com sua concepção sobre pessoa. Cada pessoa é uma esfera de competências em si e está submetido à uma ordem jurídica nacional. Logo, todo indivíduo em uma federação está submetido ao mesmo tempo, à primeira vista, a pelo menos duas ordens: a da federação e a do ente federado. Deste modo, a se exemplificar, um estadunidense que resida na Califórnia, está submetido ao mesmo à ordem jurídica da Califórnia e à ordem jurídica dos Estados Unidos.

Nessa complexa ordem, aparentemente em dois níveis, há o

---

[161] KELSEN, Hans. *Jurisdição Constitucional*. Trad. Alexandre Krug et al. São Paulo: Martins Fontes, 2007, p. 93.

perfazimento em si de três níveis em razão de suas Constituições, tanto a federal, quanto as dos entes federados. É uma questão que não é de fácil entendimento. De acordo com Kelsen, o termo federação, não se refere à composição completa do Estado federal e sim apenas à ordem jurídica federal, cuja validade deriva diretamente da Constituição federal. A ordem jurídica da federação é uma ordem parcial[162], assim como a ordem de cada um dos entes federados é também uma ordem parcial. É uma posição que se coaduna com sua proposta teórica normativista, uma vez que o Estado federal é a junção da ordem jurídica da federação (parcial, mas abrangente de todo o território) e as ordens jurídicas dos entes subnacionais (cada qual delimitada territorialmente).

Compreender o Estado federal em Kelsen requer também o entendimento acerca de Constituição, explicado no Capítulo 1 deste livro. O Estado federal possui o que Kelsen denomina por Constituição total (*Gesamtverfassung*). Esta Constituição é a que distribui competências, ou seja, o âmbito de validade objetivo, e em virtude desta, vigoram duas espécies de ordenamentos parciais: um ordenamento parcial com validade para todo o território; e vários ordenamentos parciais com validade apenas para partes do território"[163]. E este é um ponto interessante: nos Estados federais a Constituição federal é ao mesmo tempo a Constituição da federação, por ser o fundamento de valida da ordem federal (que é parcial) e a Constituição total, uma vez que enquanto total, unifica a cadeia de validade de todas as ordens parciais do Estado federal, tanto a ordem federal como cada qual das ordens dos entes subnacionais[164].

No Estado federal, de acordo com a teoria kelseniana, há então não dois, mas três âmbitos normativos que, em conformidade com

---

[162] "Essa comunidade parcial constituída pela ordem jurídica central é a federação. Ela é parte do Estado federal total, assim como a ordem jurídica central é parte da ordem jurídica total do Estado federal" (KELSEN, Hans. *Teoria Geral do Direito e do Estado*. Trad. Luiz Carlos Borges. São Paulo: Martins Fontes, 2005, p. 452).

[163] KELSEN, Hans. *Jurisdição Constitucional*. Trad. Alexandre Krug et al. São Paulo: Martins Fontes, 2007, p.53.

[164] "Cada uma das comunidades parciais, a federação e os Estados componentes, baseia-se na sua própria constituição, a constituição da federação, e a constituição do Estado componente. Porém a constituição da federação, a "constituição federal" é, simultaneamente, a constituição do Estado federal inteiro". (KELSEN, Hans. *Teoria Geral do Direito e do Estado*. Trad. Luiz Carlos Borges. São Paulo: Martins Fontes, 2005, p. 453).

suas Constituições, são[165]:

1) as ordens jurídicas de cada um dos entes subnacionais federados, cada qual possui uma Constituição estadual, que dá validade às normas produzidas pelo ente federado em questão;

2) a ordem jurídica da União (a federação), que é composta por normas de direito material no âmbito da competência federal objetiva. Esta ordem é parcial, formada pelas normas produzidas por órgãos da União, cuja validade provém da Constituição federal;

3) O Estado federal, cuja *Constituição total*, (que contém a Constituição federal e diretrizes fundamentais das Constituições dos Estados federados), consolida a ordem jurídica federal e cada qual das ordens jurídicas dos entes federados em uma única cadeia de validade normativa.

Por ser uma ordem mais descentralizada do que os Estados unitários, nos Estados federais a cadeia normativa funciona de modo mais difundido. Embora as ordens parciais sejam coordenadas por uma ordem comum a todas, há uma estrutura hierarquizada em relação à Constituição federal, na qualidade de Constituição total.

3.6 Negar a dualidade entre Direito e Estado é negar o caráter absoluto da Justiça (e afirmar a liberdade do ser humano...)

Algumas indagações são comuns aos leitores de Kelsen. Uma questão essencial do positivismo jurídico é a identificação do Direito como uma ordem social[166] coercitiva (*Recht als Zwangsordnung*) distinta

---

[165] KELSEN, Hans. *Jurisdição Constitucional*. Trad. Alexandre Krug et al. São Paulo: Martins Fontes, 2007, p. 58.

[166] Uma importante observação. Toda ordem social, para Kelsen, visa obter o comportamento de alguém. Em suas palavras: "a função de qualquer ordem social consiste em obter urna determinada conduta por parte daquele que a esta ordem está subordinado, fazer com que essa pessoa omita determinadas ações consideradas corno socialmente - isto é, em relação às outras pessoas - prejudiciais, e, pelo contrário, realize determinadas ações consideradas socialmente úteis. Esta função motivadora é exercida pelas representações das normas que prescrevem ou proíbem

da Moral[167]. Desde que estabelecido sob uma forma determinada e organizada normativamente, o ato de coerção (*Zwangsakt*) caracterizará o Direito. Assim, a possibilidade de compelir alguém a fazer algo, de acordo com o que for autorizado pela própria ordem, por meio de tais atos de coerção, é o que diferencia o Direito de outras ordens sociais[168].

A afirmação da validade de uma ordem jurídica dada pela ciência do Direito independente do seu valor, é baseado em um paradigma de ciência como o estudo avalorativo dos fatos[169]. O Direito visto como um fato, não como um valor (a não ser que se considere o valor instituído pelas normas postas)[170], é um fenômeno normativo existente e que o jurista deve estudar como um objeto isolado, sem se envolver diretamente ou sem se deixar levar por suas considerações de justo ou injusto. O jurista científico não é a autoridade que emite a norma posta[171].

Do mesmo modo em que um estudioso das ciências da natureza deve olhar para um objeto e estudar suas propriedades sem considerar se aquilo é bom ou mau (a gravidade, por exemplo, não é boa ou ruim), o jurista deve, segundo o normativismo kelseniano

---

determinadas ações humanas (KELSEN, Hans. *Teoria Pura do Direito*. Trad. João Baptista Machado. São Paulo: Martins Fontes, 2006, p. 26).

[167] KELSEN, Hans. Was ist juristischer Positivismus? *JuristenZeitung*. 20. Jahrg, Nr 15/16, pp. 465-469, 1965, p.468.

[168] "O Direito é uma ordem coativa, não no sentido de que ele - ou, mais rigorosamente, a sua representação - produz coação psíquica; mas, no sentido de que estatui atos de coação, designadamente a privação coercitiva da vida, da liberdade, de bens econômicos e outros, como consequência dos pressupostos por ele estabelecidos". (KELSEN, Hans. *Teoria Pura do Direito*. Trad. João Baptista Machado. São Paulo: Martins Fontes, 2006, p. 38).

[169] Essa é uma discussão muito complexa. Vou me ater aqui estritamente à posição de Kelsen. De fato, o texto mais conhecido de Kelsen a tratar sobre isso é o Capítulo III da segunda edição de *Teoria Pura do Direito*. A primeira edição, de 1934, não trazia um capítulo específico sobre esta questão.

[170] KELSEN, Hans. *Teoria Pura do Direito*. Trad. João Baptista Machado. São Paulo: Martins Fontes, 2006, p. 89.

[171] KELSEN, Hans. *Teoria Pura do Direito*. Trad. João Baptista Machado. São Paulo: Martins Fontes, 2006, p. 89. Este ponto remete a algo trabalho nesse mesmo capítulo e essencial para a compreensão da segunda edição da *Teoria Pura do Direito*: a distinção entre norma jurídica e proposição jurídica. Esta distinção acaba também se relacionando diretamente com a Interpretação do Direito segundo o normativismo, conforme descrito no Capítulo 2 deste livro.

observar o Direito de um Estado de forma avalorativa (a observação é avalorativa, não as normas) e descrever suas relações normativas[172].

Não importa aqui o conteúdo das normas (o valor posto pelas normas); se houver sido atendido os requisitos formais de validade (e sendo eficaz) a ordem normativa analisada pode ser considerada como "Direito"[173].

Com a racionalidade do Estado em crise, combinado com as influências do positivismo sociológico, ambos do Século XIX, houve uma necessidade de autonomização como objeto de pesquisa pelo positivismo, em aspectos tais como a questão da validade do direito, sua fonte e de sua forma de abordagem.

Ao separar os juízos de valor dos juízos de fato, o positivismo se mostra como uma abordagem avalorativa do Direito, uma vez que apenas as normas de justiça não podem proporcionar objetividade no conhecimento científico. Isso não significa que não haja qualquer justiça, mas sim que é possível pressupor diversas normas de justiça e que, provavelmente, haja contradições entre elas. Assim, "cada ordem jurídica positiva pode corresponder a qualquer das várias normas de justiça constitutivas apenas de valores relativos, sem que esta correspondência possa ser tomada como o fundamento de sua validade"[174].

---

[172] KELSEN, Hans. *Teoria Pura do Direito*. Trad. João Baptista Machado. São Paulo: Martins Fontes, 2006, p. 89.

[173] Este ponto se relaciona diretamente ao caráter dinâmico da ordem jurídica (diferente de outras ordens sociais, que possuem caráter estático). Segundo Kelsen, no Capítulo V de *Teoria Pura do Direito*, "Uma norma jurídica não vale porque tem um determinado conteúdo, quer dizer, porque o seu conteúdo pode ser deduzido pela vida de um raciocínio lógico do de uma norma fundamental pressuposta, mas porque é criada por uma forma determinada - em última análise, por uma forma fixada por uma norma fundamental pressuposta. Por isso, e somente por isso, pertence ela à ordem jurídica cujas normas são criadas de conformidade com esta norma fundamental. Por isso, todo e qualquer conteúdo pode ser Direito. Não há qualquer conduta humana que, como tal, por força do seu conteúdo, esteja excluída de ser conteúdo de uma norma jurídica. A validade desta não pode ser negada pelo fato de o seu conteúdo contrariar o de uma outra norma que não pertença à ordem jurídica cuja norma fundamental é o fundamento de validade da norma em questão". (KELSEN, Hans. *Teoria Pura do Direito*. Trad. João Baptista Machado. São Paulo: Martins Fontes, 2006, p. 221).

[174] KELSEN, Hans. *A Justiça e o Direito Natural*. Trad. João Baptista Machado. Coimbra: Almedina, 2009, p. 101.

É possível verificar também, em alguns autores, uma ideologia positivista, segundo a qual a não-valoração da norma poderia levar ao legalismo e à obrigatoriedade de obediência dos destinatários. Evidentemente, não era a ideologia por trás da teoria normativista de Kelsen. Ao contrário do que o senso comum jurídico declama, não há na obra de Kelsen uma pretensão de estabelecimento de um Direito puro, no qual qualquer que seja o conteúdo possa ser considerado como justo.

O conceito de Estado, para Kelsen, é uma questão de análise apenas do direito positivo, porque apenas o direito positivo pode ser conhecido sem uma vinculação à uma moral ou uma ideologia política específica. Deste modo, somente o direito positivo pode ser compreendido por sua forma, independentemente de seu conteúdo. A compreensão do conceito de Estado se realiza por meio de uma ciência do Direito positivo, que não deve se confundir com uma filosofia acerca da justiça.

4
O DIREITO INTERNACIONAL (E A NEGAÇAO DO SOLIPSISMO ESTATAL...)

O Direito Internacional é um aspecto altamente relevante para a compreensão do normativismo kelseniano, em especial pela completude de seu sistema de pensamento. Seu recurso epistemológico principal, a norma fundamental, revela-se de modo amplo e definitivo somente ao se considerar a ordem internacional[175]. A ideia de norma fundamental para Kelsen foi descrita com mais detalhes no Capítulo 1 deste livro (lembrando que a definição "definitiva" apresentada em *Teoria Geral das Normas* não é fonte fidedigna; com maior confiabilidade, a versão definitiva é a da segunda edição de *Teoria Pura do Direito*).

Controverso e essencial, o Direito Internacional é uma das questões mais intrigantes na obra de Kelsen. Inclusive porque a reelaboração de algumas concepções acerca de sua teoria foi motivada pela mudança da ordem internacional. Kelsen viveu (e como viveu) a turbulenta transição do paradigma westfaliano para o paradigma Nações Unidas. Nos vinte e seis anos que separam as duas edições de *Teoria Pura do Direito*, Kelsen saiu de sua posição de Professor em Genebra (após ter seu cargo de Professor na Faculdade de Direito de Colônia cassado pela *Gesetz zur Wiederherstellung des Berufsbeamtentums*, de 7 de abril de 1933) e, após muitas atribulações,

---

[175] KELSEN, Hans. *Teoria Pura do Direito.* Trad. João Baptista Machado. São Paulo: Martins Fontes, 2006, p. 239-242.

encontrou refúgio seguro na Califórnia. O cenário mundial se alterou drasticamente entre 1934 e 1960. E o pensamento kelseniano, sem perder seu caráter de rigor científico, acompanhou esta mudança.

Algumas considerações sobre o Direito Internacional já foram expostas nos capítulos anteriores, especialmente o 3. A proposta deste capítulo é ampliar e especificar algumas questões controversas sobre o Direito Internacional e, buscar demonstrar, a essencialidade de seu estudo para a teoria kelseniana. De fato, qualquer tentativa de se explicar norma fundamental ou mesmo ordenamento jurídico em Kelsen é incompleta sem o Direito Internacional, ao qual a *Teoria Pura do Direito* dedica seu Capítulo VII. Todavia, há uma larga bibliografia de Kelsen dedicada ao tema, em especial parte considerável de *Teoria Geral do Direito e do Estado* e *Princípios do Direito Internacional*, este publicado em 1952.

A primeira questão a se pensar no Direito Internacional é uma diferença crucial em relação ao Direito Nacional e que, além de outros fatores, permitiu a consolidação do Estado na modernidade: a autotutela. Logo no início de *A Paz pelo Direito*, Kelsen esclarece que a sanção no direito primitivo era executada individualmente, uma vez que ainda era ausente a institucionalização da força[176]. Portanto, para compreender o que é o Direito Internacional em Kelsen (e a importância para o normativismo) é preciso entender o que é a autotutela (*self-help/ Selbsthilfe*). Além disso, é preciso retornar suas lições sobre centralização e descentralização. Estes serão os primeiros temas deste capítulo.

Uma questão importante sobre o termo autotutela. Nas quatro edições em português aqui utilizadas que tratam deste assunto, o termo *Selbsthilfe* ou *self-help* (são equivalentes nos idiomas alemão e inglês) é traduzido de quatro formas diferentes. Em *Teoria Pura do Direito* (tradução de João Baptista Machado), *Selbsthilfe* é traduzido como "autodefesa". Em *Teoria Geral do Direito e do Estado* (tradução de Luís Carlos Borges), o termo *self-help* é traduzido por "iniciativa individual". Em *Princípios do Direito Internacional* (tradução de Gilmar Antonio Bedin e Ulrich Dressel), *self-help* é traduzido como "autoajuda". Por fim, em *A Paz pelo Direito* (tradução de Lenita

---

[176] KELSEN, Hans. *A Paz pelo Direito*. Trad. Lenita Ananias do Nascimento. São Paulo: Martins Fontes, 2012, p.6.

Ananias do Nascimento), *self-help* é traduzido por "autotutela". A presente obra adota a tradução de *Selbsthilfe/self-help* como *autotutela*, por entender que, dentre os quatro termos em português destas traduções publicadas, é a que melhor comunica o que sentido do termo original quer dizer no Direito Internacional.

4.1 Autotutela e Direito Internacional: Um ordenamento descentralizado, mas ainda jurídico...

Um ponto de partida interessante para entender o Direito Internacional em Kelsen é um dos pontos principais do normativismo: o Direito não se vincula à Justiça, Direito não depende de uma vinculação com uma Moral. Ao ler o Capítulo 2 de *Teoria Pura do Direito* é possível inicialmente pensar na questão do caráter justo ou injusto de algumas normas. Todavia, a questão aqui extrapola esta primeira impressão. Entender o Direito Internacional também significa pensar na justiça ou injustiça de ordenamentos jurídicos e que, ainda que injustos, não perdem seu caráter jurídico por isso.

Uma das principais questões do positivismo jurídico é a identificação do direito como uma ordem social caracterizada por sua coercitividade. Será, neste sentido, Direito qualquer ordem social normativa cuja coerção institucionalizada seja possível. Uma das mais significativas distinções do Direito em relação à outras ordens sociais é seu caráter de sanção heterogênea e da eficácia de compelir condutas prescritas pela norma por meio do uso da força.

A vigência de uma ordem jurídica afirmada pela ciência do Direito, independentemente de seu conteúdo, é baseada em um paradigma de ciência como o estudo avalorativo dos fatos. O Direito visto como um fato, não como um valor, é um fenômeno o qual o jurista deve buscar compreender como um objeto isolado, sem se envolver diretamente ou sem se deixar levar por suas concepções pré-concebidas acerca de justiça ou injustiça.

Do mesmo modo um cientista das ciências naturais deve olhar para um objeto e estudar suas propriedades sem considerar se aquilo é bom ou mau, o jurista deve, segundo o normativismo kelseniano, observar as normas (ou ordenamento) e realizar uma atividade descritiva (naquele sentido de ato de conhecimento e interpretação não-autêntica, vistos no Capítulo 2 desta obra).

Feitas estas breves considerações, é preciso entender que Kelsen faz uma distinção entre ordenamentos jurídicos em diversos momentos de sua obra em relação ao caráter da centralização. De um modo geral, há o Direito Nacional (ou Estado), ordem caracterizada pela centralização (conforme visto no Capítulo 3 deste livro) e ordens jurídicas descentralizadas: o que Kelsen denomina por ordens primitivas e o Direito Internacional.

As ordens primitivas, como anteriormente dito, regem-se pelo princípio da autotutela. Em linhas gerais, significa que a aplicação de uma sanção por um dever jurídico descumprido é executada diretamente pelo indivíduo que sofreu tal descumprimento. Este primeiro raciocínio se direciona aos escritos anteriores ou contemporâneos da Segunda Guerra Mundial. Haverá uma atualização disso na segunda edição de *Teoria Pura do Direito*, em razão das mudanças na ordem internacional, apesar de substancialmente os principais aspectos permanecerem.

Da mesma forma, a ordem internacional também é regida pela autotutela, apesar de modo diverso das sociedades primitivas. Nestas, é preciso pensar na distinção entre o ato de matar como delito e como sanção. No Direito Internacional, do mesmo modo, deve-se pensar a guerra como delito diferente da guerra como sanção. Kelsen, todavia, adverte que é praticamente impossível na prática pensar nessa distinção[177].

A ideia de autotutela, em si, é controversa e merece alguma atenção. A distinção é necessária ao menos no plano lógico. A vingança de sangue nas sociedades primitivas é admitida apenas em um senso de obrigatoriedade comum aos membros daquela comunidade[178]. Autotutela é, neste sentido de Kelsen, uma técnica

---

[177] KELSEN, Hans. *Teoria Geral do Direito e do Estado*. Trad. Luiz Carlos Borges. São Paulo: Martins Fontes, 2005, p. 483.
[178] Kelsen fornece uma clara ideia do que seja autotutela: "No Direito primitivo, o indivíduo cujos interesses juridicamente protegidos foram violados está autorizado pela ordem jurídica a agir contra o malfeitor com todos os meios coercitivos

de aplicação de sanções de modo individual e espontâneo por aquele que é vítima de alguma antijuridicidade. E, enquanto técnica de aplicação de sanções, deve ser autorizada pela ordem jurídica em questão. Este é um outro ponto interessante que remete, por sua vez, à uma característica do essencial do Direito: o monopólio da força[179].

A ordem jurídica concentra o monopólio de força para se caracterizar enquanto ordem[180]. Todavia, o monopólio da força não necessariamente precisa ser centralizado, o que se coaduna diretamente com a escala centralização/descentralização anteriormente explicada. Assim, a centralização infere necessariamente em segurança coletiva. A segurança coletiva permite a transformação de uma ordem descentralizada em centralizada. Fala-se em segurança coletiva "quando os membros da comunidade jurídica são obrigados – e não apenas autorizados – a ajudar a vítima em sua legítima reação ao delito, ou seja, na aplicação da sanção, ou quando a aplicação está reservada a um órgão especial da comunidade"[181].

A segurança coletiva, nesse sentido, tem dois estágios de desenvolvimento[182] (que se relacionam diretamente com a escala centralização/descentralização):

1º) Prevalência da técnica da autotutela. Neste estágio, a ordem jurídica é descentralizada. Assim, os indivíduos (sujeitos) prejudicados por algum ilícito podem aplicar eles próprios as sanções. Neste estágio, os membros da comunidade são obrigados a ajudar uma vítima de um delito.

2º) Prevalência da técnica de divisão social do trabalho. Neste estágio a ordem jurídica está centralizada. Há a instituição de órgãos

---

proporcionados pela ordem jurídica". (KELSEN, Hans. *Teoria Geral do Direito e do Estado*. Trad. Luiz Carlos Borges. São Paulo: Martins Fontes, 2005, p. 481.).
[179] KELSEN, Hans. *Princípios do Direito Internacional*. Tradução de Ulrich Dressel e Gilmar Antonio Bedin. Ijuí: Ed. Unijuí, 2010, p. 42.
[180] Este é um ponto de partida para rebater aos que não entendem o Direito Internacional como jurídico.
[181] KELSEN, Hans. *Princípios do Direito Internacional*. Tradução de Ulrich Dressel e Gilmar Antonio Bedin. Ijuí: Ed. Unijuí, 2010, p. 43.
[182] KELSEN, Hans. *Princípios do Direito Internacional*. Tradução de Ulrich Dressel e Gilmar Antonio Bedin. Ijuí: Ed. Unijuí, 2010, p. 42-43.

especiais para a aplicação de sanções. Assim, a ordem não detém apenas o monopólio da força; este monopólio é centralizado.

Basicamente, nesses dois estágios estão a diferença elementar entre o Direito Internacional e o Direito Nacional, respectivamente. Ainda que o Direito Internacional tenha a prevalência da técnica da autotutela, é considerado como Direito[183], todavia com o monopólio da força descentralizado.

Uma questão interessante: não há ordem positiva sem um mínimo de autotutela. Assim, mesmo em um Estado, cuja autotutela é quase que totalmente substituída pela técnica de divisão social do trabalho, a autotutela está preservada sob a forma de legítima defesa, que é um tipo de autotutela: "é o emprego lícito da força por um indivíduo contra o emprego ilícito da força por outro indivíduo"[184].

A possibilidade de aplicações de sanções no Direito Internacional é uma das principais celeumas de seu estudo: como é possível dizer que o Direito Internacional é Direito em si se não há meios eficazes de fazer valer suas normas sobre seus destinatários? Ainda mais para as definições mais conhecidas de Kelsen, é um desafio interessante para ser pensado. Em lições muito basilares sobre Kelsen, diz-se que o Direito é distinto da Moral porque faz valer suas normas por meio do uso da força. O monopólio da força caracteriza o Direito. Mas, como fazer valer um compromisso internacional se o Estado violador for mais forte do que o atingido pela violação?

Kelsen deixa evidente em diversas passagens de suas obras mais importantes que a eficácia, apesar de não se confundir com validade, é condição necessária para a existência de uma ordem jurídica. Pois bem, neste raciocínio, a eficácia deve ser também condição para o Direito Internacional. Sim, é correta esta afirmação, mas deve ser pensada de modo diferente. Pensar na eficácia do Direito Internacional remete à uma questão mais basilar ainda como um todo na teoria de Kelsen: a distinção e relação entre sanção e delito.

As sanções têm caráter coercitivo; "são estabelecidas pela ordem

---

[183] KELSEN, Hans. *Princípios do Direito Internacional*. Tradução de Ulrich Dressel e Gilmar Antonio Bedin. Ijuí: Ed. Unijuí, 2010, p. 44.
[184] KELSEN, Hans. *Princípios do Direito Internacional*. Tradução de Ulrich Dressel e Gilmar Antonio Bedin. Ijuí: Ed. Unijuí, 2010, p. 45.

LEVANDO KELSEN A SÉRIO

jurídica com o fim de ocasionar certa conduta humana que o legislador considera desejável"185. A sanção é uma aplicação da força, mas se difere do delito por ser deste uma consequência. Em Kelsen, em um sentido amplo, "delito é a condição à qual a sanção é vinculada pela norma jurídica"186. Determinada conduta então será ilícita porque o Direito vincula tal conduta à imputação de uma sanção. Delito, em Kelsen, tem um caráter puramente jurídico. Portanto, não pode ser considerado meramente como um ato que viola a lei ou a descumpre. Delito é, pois, "a conduta do indivíduo contra o qual é dirigida a sanção, como consequência de sua conduta"187.

No Direito Internacional, o Estado, enquanto pessoa jurídica, é considerado como responsável por um possível delito cometido por alguém que exerce um órgão. Se houver uma violação ao Direito Internacional (um cometimento de um delito, no sentido estritamente jurídico), "certo Estado é considerado o sujeito desse delito, apesar do fato de o delito consistir na conduta de um indivíduo definido, por exemplo, o chefe de Estado ou ministro das Relações Exteriores"188. Deste modo, se um indivíduo, enquanto órgão do Estado, comete um delito internacional, o Estado comete tal delito.

É, porém, preciso no âmbito internacional, que o Estado violador não cumpra com uma possível obrigação de reparação189. Ao estabelecer que determinado comportamento será como consequência uma sanção, o Direito Internacional estabelece que tal comportamento é considerado delito. Este delito internacional, que condiciona a sanção, é composto de dois atos: (i) o comportamento que provoca o dano a outro Estado; (ii) a ausência de reparação do

185 KELSEN, Hans. *Teoria Geral do Direito e do Estado*. Trad. Luiz Carlos Borges. São Paulo: Martins Fontes, 2005, p. 71.
186 KELSEN, Hans. *Teoria Geral do Direito e do Estado*. Trad. Luiz Carlos Borges. São Paulo: Martins Fontes, 2005, p. 73.
187 KELSEN, Hans. *Teoria Geral do Direito e do Estado*. Trad. Luiz Carlos Borges. São Paulo: Martins Fontes, 2005, p. 76-77.
188 KELSEN, Hans. *Teoria Geral do Direito e do Estado*. Trad. Luiz Carlos Borges. São Paulo: Martins Fontes, 2005, p. 81.
189 KELSEN, Hans. *Princípios do Direito Internacional*. Tradução de Ulrich Dressel e Gilmar Antonio Bedin. Ijuí: Ed. Unijuí, 2010, p. 49.

dano[190].

A sanção, enquanto ato coercitivo internacional, pode ser brevemente entendida como uma determinada interferência no domínio de um Estado. O grau de interferência, limitada ou ilimitada, determinará a manifestação da sanção. A interferência limitada, quando não se tratar de um delito (ou seja, interferência não autorizada pela ordem internacional – cujo monopólio da força é descentralizado), será uma represália (*reprisal*).

Parte inconteste do Direito Internacional positivo[191], a represália é uma interferência limitada em um Estado que descumpra um dever jurídico na ordem internacional, admitida apenas como reação a um mal provocado por tal Estado[192]. Todavia, a questão mais complicada diz respeito à outra possível manifestação de sanção: a guerra.

Enquanto a represália é a sanção com interferência limitada, a guerra se perfaz com a interferência ilimitada nos interesses de outro Estado[193]. A guerra, para Kelsen, "é uma interferência ilimitada nos assuntos de outro Estado que implica o emprego da força; é uma intervenção que possivelmente conduz à destruição completa da independência externa e interna de outro Estado"[194]. Neste aspecto, Kelsen (na época da publicação de *Teoria Geral do Direito e do Estado*) apresenta duas posições contraditórias acerca do caráter da guerra: ou a guerra estava fora do alcance do Direito, não configurando portanto sanção ou delito, ou a doutrina do *bellum justum*, segundo a

---

[190] KELSEN, Hans. *Princípios do Direito Internacional.* Tradução de Ulrich Dressel e Gilmar Antonio Bedin. Ijuí: Ed. Unijuí, 2010, p. 51.

[191] KELSEN, Hans. *Teoria Geral do Direito e do Estado.* Trad. Luiz Carlos Borges. São Paulo: Martins Fontes, 2005, p. 470.

[192] Kelsen menciona que exemplos típicos de represálias são "o confisco de propriedades do Estado ou de seus cidadãos, ou o não cumprimento de obrigações pactuadas em relação a esse Estado. Em tempos de guerra, retaliações podem consistir na não observância, por parte de um beligerante, das normas sobre limitações dos meios bélicos (por exemplo, a proibição do uso de gás tóxico) como reação à violação dessas normas por outro beligerante" (KELSEN, Hans. *Princípios do Direito Internacional.* Tradução de Ulrich Dressel e Gilmar Antonio Bedin. Ijuí: Ed. Unijuí, 2010, p. 53.)

[193] KELSEN, Hans. *Teoria Geral do Direito e do Estado.* Trad. Luiz Carlos Borges. São Paulo: Martins Fontes, 2005, p. 471.

[194] KELSEN, Hans. *Teoria Geral do Direito e do Estado.* Trad. Luiz Carlos Borges. São Paulo: Martins Fontes, 2005, p. 474.

qual a guerra é normalmente proibida, mas permitida em apenas como reação à um ato antijurídico[195].

A doutrina do *bellum justum* foi base para alguns importantes tratados da época, como o Tratado de Versalhes (1919) e o Pacto Kellogg-Briand (1928). Estes dois tratados, mencionados por Kelsen, trazem reflexões interessantes sobre este período. O Tratado de Versalhes, entre inúmeros outros pontos, determinou que a Alemanha reparasse danos causados porque tais danos não se justificavam juridicamente. Kellogg-Briand, por sua vez, proibiu a guerra meramente como um instrumento de política nacional. Uma interpretação que não reduziria tal pacto à inutilidade, "é a de que a guerra não é proibida como meio de política internacional, especialmente que não é proibida como reação contra uma violação do Direito Internacional"[196].

Evidentemente o posicionamento político de Kelsen sobre a guerra não se mistura em sua proposta de compreender cientificamente o Direito Internacional. Kelsen foi um pacifista. A guerra, conforme consta no Prefácio de *A Paz pelo Direito*, "é a maior desgraçada de nossa cultura, e nossa principal tarefa política é garantir a paz mundial, uma tarefa muito mais importante ainda que decidir entre democracia e autocracia, ou capitalismo e socialismo"[197].

O maior problema da guerra, até então, é o modo sem tecnicidade de ser estabelecida como sanção. Ainda que se pense que moralmente a guerra seria proibida e que aquele que provoca um conflito injustificadamente deva ser punido, a guerra possui um caráter diferente das outras manifestações de sanções. Não há garantia que, em uma guerra, apenas o Estado violador seja atingido por um mal que causou (naquele sentido de retribuição, desenvolvido em *Teoria Pura do Direito*): "na guerra, não é vitorioso

---

[195] KELSEN, Hans. *Teoria Geral do Direito e do Estado*. Trad. Luiz Carlos Borges. São Paulo: Martins Fontes, 2005, p. 472.
[196] KELSEN, Hans. *Teoria Geral do Direito e do Estado*. Trad. Luiz Carlos Borges. São Paulo: Martins Fontes, 2005, p. 476.
[197] KELSEN, Hans. *A Paz pelo Direito*. Trad. Lenita Ananias do Nascimento. São Paulo: Martins Fontes, 2012, p. XII.

quem está certo, mas quem é mais forte"[198].

Essa passagem de Kelsen reflete bem este problema de se pensar a guerra como uma possível sanção na ordem internacional antes do paradigma Nações Unidas. Ainda no Prefácio de *A Paz pelo Direito* Kelsen deixa evidente o quão necessária seria uma organização para a reforma da ordem internacional: "não há possibilidade de progresso social enquanto não se criar uma organização internacional que impeça com eficiência a guerra entre as nações do mundo"[199]. Se um Estado mais potente belicamente fosse a parte que cometeu a violação ao Direito Internacional contra um Estado mais fraco, este não conseguiria executar a sanção (não ao menos sozinho) de acordo com a técnica da autotutela[200].

Após 1945, com a instituição das Nações Unidas, Kelsen acrescenta algumas observações sobre a guerra enquanto sanção e enquanto conduta proibida pelo Direito Internacional. Em 1952, com a publicação de *Princípios de Direito Internacional*, fica evidente uma certa modificação na regência da autotutela nas relações internacionais. O Direito Internacional após a ONU ainda tem sua ordem descentralizada, mas seu monopólio não. A excessiva descentralização havia sido a razão da fraqueza da Liga das Nações[201]. Há um passo na escala para a centralização, uma vez que a segurança coletiva, agora efetivamente institucionalizada com a ONU, funciona de modo diferente.

Veja-se: Não há menção ao termo guerra no art. 2º, § 4º, da Carta da ONU, segundo o qual guerras são proibidas. Em si, a norma proíbe o uso da força nas relações internacionais. Deste modo, um Estado é proibido de usar a força contra outro Estado, qualquer que seja a atitude deste. A guerra, neste sentido, "deve ser entendida

---

[198] KELSEN, Hans. *Teoria Geral do Direito e do Estado*. Trad. Luiz Carlos Borges. São Paulo: Martins Fontes, 2005, p. 480.

[199] KELSEN, Hans. *A Paz pelo Direito*. Trad. Lenita Ananias do Nascimento. São Paulo: Martins Fontes, 2012, p. XII.

[200] Nesse sentido, "uma sanção está fora de cogitação, a menos que exista uma organização para executar o ato de coerção com poderes tão superiores ao poder do malfeitor, que nenhuma resistência séria seja possível". (KELSEN, Hans. *Teoria Geral do Direito e do Estado*. Trad. Luiz Carlos Borges. São Paulo: Martins Fontes, 2005, p. 480.).

[201] KELSEN, Hans. Recent Trends in the Law of the United Nations. *Social Research*, v.18, n.2, pp.135-151, 1951, p. 136.

como o emprego da força direcionada por um Estado contra outro, desconsiderando o contra-ataque deste não apenas quando guerra é um delito, mas também quando a guerra é uma sanção"[202]. É um ponto importante para o sistema inaugurado em 1945, com a possibilidade do envolvimento do uso de força armada para cessar uma ameaça à paz ou à segurança internacionais. Este emprego da força é reservado pela Carta da ONU à um dos órgãos centrais desta organização: o Conselho de Segurança[203].

Acerca do monopólio da força no Direito Internacional, observa expressamente Kelsen: "a segurança coletiva estabelecida pela Carta se caracteriza por um monopólio de força centralizado na organização"[204]. Este monopólio do uso de força é conferido ao Conselho de Segurança expressamente no art. 24 da Carta da ONU, cuja "ação imediata e efetiva" é pormenorizada dos art. 37 ao 50. Esta ação é coercitiva.

As medidas coercitivas tomadas pelo Conselho de Segurança, em caso de ameaça à paz e segurança internacionais podem envolver ou não o uso da força armada. Se não houver envolvimento de força em tais medidas, tem o caráter de represália; se envolver uso de força armada, tem o caráter técnico de guerra[205].

O monopólio do Conselho de Segurança, porém, é também limitado pela própria Carta. De modo semelhante à legítima defesa dos indivíduos, os Estados podem exercer a legítima defesa contra o uso da força ilícito de outros Estados. É o previsto no art. 51 da Carta. O direito à legítima defesa está implícito na ideia de

---

[202] KELSEN, Hans. *Princípios do Direito Internacional.* Tradução de Ulrich Dressel e Gilmar Antonio Bedin. Ijuí: Ed. Unijuí, 2010, p. 60.

[203] "In this respect the Charter of the UN represents extraordinary progress. Above all, it prohibits any use of force, even the threat of force, in international relations. Then, it confers upon the Security Council the exclusive power to take enforcement measures, involving or not involving the use of armed force, in case of a threat to, or breach of, the peace, the existence of which can be determined only by the Security Council". (KELSEN, Hans. Recent trends in the Law of the United Nations. *Social Research*, v.18, n.2, pp.135-151, 1951, p. 137.).

[204] KELSEN, Hans. *Princípios do Direito Internacional.* Tradução de Ulrich Dressel e Gilmar Antonio Bedin. Ijuí: Ed. Unijuí, 2010, p. 80.

[205] KELSEN, Hans. *Princípios do Direito Internacional.* Tradução de Ulrich Dressel e Gilmar Antonio Bedin. Ijuí: Ed. Unijuí, 2010, p. 81.

autotutela[206]. A ordem internacional, com o paradigma Nações Unidas, rege-se ainda pela autotutela, mas com o monopólio da força centralizado no Conselho de Segurança. Ainda é ordem jurídica descentralizada, mas com um passo a mais para a centralização, em comparação ao paradigma de Westphalia.

Na segunda edição de *Teoria Pura do Direito* (1960), Kelsen menciona a Carta da ONU ao dissertar sobre a essência do Direito Internacional. O princípio do *bellum justum*, presente no Direito Internacional em pactos anteriores à Segunda Guerra Mundial, tornou-se conteúdo de tratados internacionais, como o Pacto Kellogg-Briand (1928) e a Carta da ONU (1945). Especificamente há transformação em Direito Internacional positivo. Se um Estado não tiver se obrigado pacticiamente em se abster ao uso da força nas relações internacionais, poderia, em tese, recorrer à guerra sem que houvesse violação ao Direito Internacional[207]. Deste modo, por força do compromisso assumido pelos Estados na Carta da ONU, a guerra se perfaz como sanção do vigente Direito Internacional.

Como ordem jurídica, o Direito Internacional é descentralizado. Assim como o Direito Nacional, o Direito Internacional é também uma ordem jurídica de caráter dinâmico. Já estabelecidos estes principais argumentos pelos quais Kelsen entende a juridicidade nas normas internacionais, é preciso agora discutir o porquê o Direito Internacional e o Nacional são uma única ordem jurídica (e qual tem a primazia...).

4.2 Há uma ordem jurídica apenas: o monismo (com a primazia do Direito Internacional)

Um dos assuntos iniciais em manuais de Direito Internacional Público é a discussão de como a ordem internacional e a interna se relacionam. Neste ponto, geralmente se apresentam três correntes de pensamento: a dualista, a monista com primazia do Direito

---

[206] KELSEN, Hans. *Princípios do Direito Internacional*. Tradução de Ulrich Dressel e Gilmar Antonio Bedin. Ijuí: Ed. Unijuí, 2010, p. 97.
[207] KELSEN, Hans. *Teoria Pura do Direito*. Trad. João Baptista Machado. São Paulo: Martins Fontes, 2006, p. 357.

Nacional e a monista com primazia do Direito Internacional. À esta última o nome de Kelsen é atribuído como seu principal expoente. Não será objeto aqui apresentar cada uma destas correntes. Kelsen é um defensor do monismo internacionalista. Portanto, aqui serão discutidos seu posicionamento e suas críticas às outras correntes.

O monismo compreende a unicidade sistêmica entre o Direito Internacional e as diversas ordens jurídicas internas. Assim, o fundamento do Direito – Interno ou Internacional – é um só; o que os diferencia é a centralização (do Direito Nacional) ou descentralização (do Direito Internacional).

Ambas ordens possuem um mesmo sistema de validade. O Direito Internacional, assim, é uma ordem jurídica comum aos Estados, que faz parte do mesmo sistema jurídico interno de tantos quantos existirem.

Em oposição à doutrina dualista, as duas correntes do monismo compartilham alguns pontos comuns. O central deles é a existência de um mesmo fundamento para os dois âmbitos das ordens jurídicas. Tanto as ordens nacionais quanto a ordem internacional são o mesmo sistema; a divergência entre os dois monismos então se dá na origem do fundamento das ordens (a ordem estatal ou a ordem internacional, respectivamente para o monismo nacionalista e para o monismo internacionalista).

Além de pertencerem a um mesmo sistema, de acordo com o monismo, as ordens podem ter os mesmos destinatários. Normas internacionais têm vigência nos Estados, a depender de cada ordem nacional, com procedimentos de incorporação ou não.

Uma vez pertencentes a um mesmo sistema, Direito Internacional e Direito Nacional podem ter antinomias entre si. Se constituem um só ordenamento, estão sujeitos ao princípio da unidade, segundo o qual se deve eliminar suas normas contraditórias.

A depender da amplitude da força obrigatória do comportamento dos Estados nas relações exteriores, o monismo pode ser encarado como tendo sua primazia pelo Direito Nacional ou pelo Direito Internacional. A primazia deste último parte do pressuposto de que a validade de todo o sistema jurídico que comporta os dois tipos de ordem encontra seu fundamento de validade em âmbito externo. Deste modo, a validade das normas está além da autolimitação da soberania estatal.

De acordo com Kelsen, ambas as ordens poderiam ter a primazia em um sentido lógico, uma vez que tanto Direito Nacional quanto Direito Internacional retiram a validade de suas normas de uma única fonte[208]. A opção de Kelsen pela primazia deste último é uma escolha filosófica. Caso o Estado retirasse toda sua validade de sua própria soberania, haveria um inevitável solipsismo do Estado (*Staatssolipsismus*), o que consequentemente levaria à um cataclisma constante das relações internacionais.

Esta posição de Kelsen está presente tanto na primeira[209] quanto na segunda edição de *Teoria Pura do Direito*, assim como em *Teoria Geral do Direito e do Estado*, o que demonstra uma permanência desta concepção em seu pensamento, apesar das alterações paradigmáticas do Direito Internacional entre 1934 a 1960.

A diferença entre as duas perspectivas se baseia na oposição entre a concepção de mundo (*Weltanschauung*) subjetivista e objetivista. O monismo com primazia do Direito Nacional, do mesmo modo que a concepção subjetivista parte da noção de Eu (Ego)[210] para compreender o mundo o compreende apenas como representação e vontade do mesmo Eu, parte do princípio de que o primado da ordem jurídica parte do Estado soberano para as outras ordens nacionais e para o Direito Internacional. Neste sentido defendido por Kelsen, "o primado da ordem jurídica do nosso próprio Estado pode ser designado como subjetivismo, ou mesmo como solipsismo

---

[208] "O direito internacional pode ser superior ao direito nacional e vice-versa: o direito internacional pode estar coordenado com o direito nacional. Coordenação supõe uma ordem terceira, superior a ambas. Como não há terceira ordem superior a ambas, elas devem manter em si uma relação de superioridade e inferioridade. Totalmente excluída está a possibilidade de existirem lado a lado, uma independente da outra, sem serem coordenadas por uma ordem superior". (KELSEN, Hans. *Princípios de Direito Internacional*, pp. 520-521.).

[209] KELSEN, Hans. *Reine Rechtslehre:* Einleitung in die rechtswissenschaftliche Problematik. Studienausgabeder 1. Auflage 1934. Tübingen: Mohr Siebeck, 2008, p. 150.

[210] Na edição original em alemão de *Teoria Pura do Direito*, Kelsen utiliza o termo *Ich*. Em *Teoria Geral do Direito e do Estado*, o termo utilizado é *Ego*.

de Estado"[211].

Por sua vez, a concepção de mundo objetivista concebe o Eu a partir do exterior, não somente o Eu próprio, mas qualquer Eu. Deste modo, o Eu em si se concebe como mais um dentre tantos, como parte do mundo. De modo similar, a primazia do Direito Internacional possibilita conhecer os Estados como partes de um todo. Nessa perspectiva, cada Estado é um ordenamento jurídico parcial que, juntos, se incorporam no Direito Internacional[212].

Kelsen faz uma curiosa comparação entre a percepção entre o confronto destas primazias e a oposição entre heliocentrismo e geocentrismo. O primeiro funciona como uma visualização da primazia do Direito Nacional; o Estado no centro do sistema tem a girar em torno de si o Direito Internacional e as outas ordens jurídicas nacionais. Por sua vez, o heliocentrismo funciona como uma ilustração da primazia do Direito Internacional, que ocupa o centro do sistema em torno do qual os diversos Estados (cada qual como um Eu) orbitam[213].

Para Kelsen, a decisão sobre qual das duas perspectivas deva prevalecer é política, não científica[214]. Aos Estados cujos valores de exaltação soberana sobressaem com sua consciência de pertencimento de mundo, será preferível o monismo nacionalista. Aos que estiverem inseridos em uma concepção de mundo na qual a organização mundial seja mais importante, preferirão o primado internacionalista. Em si, é uma opção também filosófica; no primado nacionalista, há um inevitável solipsismo que se manifesta na ideologia política do imperialismo[215]; no primado internacionalista, não. Ao contrário. Apesar de se perceber também um sofisma no primado internacionalista, Kelsen deixa evidente que ao menos

---

[211] KELSEN, Hans. *Teoria Pura do Direito*. Trad. João Baptista Machado. São Paulo: Martins Fontes, 2006, p. 384.
[212] KELSEN, Hans. *Teoria Pura do Direito*. Trad. João Baptista Machado. São Paulo: Martins Fontes, 2006, p. 384.
[213] KELSEN, Hans. *Teoria Pura do Direito*. Trad. João Baptista Machado. São Paulo: Martins Fontes, 2006, p. 385.
[214] KELSEN, Hans. *Teoria Pura do Direito*. Trad. João Baptista Machado. São Paulo: Martins Fontes, 2006, p. 385.
[215] KELSEN, Hans. *Teoria Pura do Direito*. Trad. João Baptista Machado. São Paulo: Martins Fontes, 2006, p. 386.

desempenha um "um papel decisivo dentro da ideologia política do pacifismo"[216].

A primazia do Direito Internacional sobre o Nacional, nesses termos, não seria uma primazia cientificamente lógica, mas sim uma primazia politicamente melhor. A escolha pela primazia, assim, está fora do âmbito da ciência jurídica.

Uma vez esclarecido este debate acerca do monismo em Kelsen, é preciso pensar como a ordem internacional valida as ordens internas. Os domínios de validade (vistos no Capítulo 3 desta obra) oferecem o referencial necessário para esta compreensão. Assim como o Direito do Estado possui quatro domínios de validade (pessoal, territorial, material e temporal), o Direito Internacional (enquanto ordem jurídica) também os possui.

Como o Direito Internacional impera na totalidade mundial, as normas internacionais têm uma função de delimitação dos domínios de validade dos Estados (e, assim, os tornam ordenamento jurídicos parciais). O Estado, deste modo, é a delimitação definida pelo Direito Internacional da validade nos quatro domínios.

Uma vez que as ordens nacionais e as normas internacionais são partes de um mesmo sistema jurídico, ainda que estruturalmente diferentes (pela centralização e descentralização, respectivamente), ambas retiram sua validade de uma mesma norma fundamental. A ideia de norma fundamental encontra sua real função apenas se pensada também para o Direito Internacional: "a única norma fundamental verdadeira, uma norma que não é criada por um procedimento jurídico, mas pressuposta pelo pensamento jurídico, é a norma fundamental do Direito internacional"[217].

Na resolução de antinomias, à primeira vista, as normas internacionais deveriam prevalecer sobre as nacionais, uma vez que supostamente estas retirariam validade daquelas. Todavia, a relação normativa entre os dois âmbitos não é tão simples, uma vez que estão conectadas por uma mesma norma fundamental. O conflito

---

[216] KELSEN, Hans. *Teoria Pura do Direito*. Trad. João Baptista Machado. São Paulo: Martins Fontes, 2006, p. 386.
[217] KELSEN, Hans. *Teoria Geral do Direito e do Estado*. Trad. Luiz Carlos Borges. São Paulo: Martins Fontes, 2005, p. 177-178.

entre as duas ordens é hierárquico, sem que haja risco à unidade do Direito Nacional[218].

A contradição entre normas, especialmente no caso de uma norma interna contrariar uma norma internacional, não compromete a unidade do sistema, do mesmo modo que uma norma inconstitucional não afeta o Direito Nacional[219]. Uma norma interna que contrariar o ordenamento internacional pode ser devidamente revogada pelos órgãos do próprio Estado[220]. Neste ponto, Kelsen chama a atenção para uma questão importante, semelhante à ideia de norma inconstitucional: uma norma inferior que não corresponda com a superior significa que tal norma foi ou criada certo modo ou tenha certo conteúdo que possibilite que algum órgão (como o judiciário) a revogue de outro modo que não o normal[221]. Ainda assim, é possível que um Estado que contrarie uma obrigação internacional ao conferir conteúdo à normas, estará sujeito à alguma sanção internacional[222] (como represálias).

4.3 Fontes do Direito Internacional (e a distinção entre Direito Internacional geral e particular)

Nesse tópico será tratado brevemente o problema das fontes do Direito Internacional para Kelsen. É uma consequência direta da expressão possível desta ordem jurídica cuja validade provém da norma fundamental (a verdadeira norma fundamental, que é a do

---

218KELSEN, Hans. *Teoria Geral do Direito e do Estado*. Trad. Luiz Carlos Borges. São Paulo: Martins Fontes, 2005, p. 527.

219 KELSEN, Hans. *Teoria Geral do Direito e do Estado*. Trad. Luiz Carlos Borges. São Paulo: Martins Fontes, 2005, p. 529.

220 "É bem possível que os tribunais tenham poder para se recusar a aplicar tal estatuto, exatamente como são competentes às vezes para se recusar a aplicar um estatuto inconstitucional. No entanto, no Direito positivo existente essa é uma exceção" (KELSEN, Hans. *Teoria Geral do Direito e do Estado*. Trad. Luiz Carlos Borges. São Paulo: Martins Fontes, 2005, p. 527).

221 KELSEN, Hans. *Teoria Geral do Direito e do Estado*. Trad. Luiz Carlos Borges. São Paulo: Martins Fontes, 2005, p. 528.

222 KELSEN, Hans. *Teoria Geral do Direito e do Estado*. Trad. Luiz Carlos Borges. São Paulo: Martins Fontes, 2005, p. 528.

Direito Internacional).

Segundo Kelsen, fonte do Direito não deve designar apenas seu método de criação e aplicação, como também a razão de validade das normas[223]. No Direito Nacional, a Constituição regula o processo de criação das normas gerais e determina o órgão competente para tal. O Direito Internacional, ao contrário, não é uma ordem centralizada. Assim, a comunidade jurídica internacional tem sua "Constituição" como um conjunto de normas de Direito Internacional que regula a criação do Direito Internacional[224].

Nesse sentido de fonte "enquanto razão de validade das normas" é preciso brevemente esclarecer o raciocínio aplicado à noção de norma fundamental do Direito Internacional em relação ao escalonamento desta ordem. É um modo semelhante ao se buscar o fundamento de validade do Direito Nacional.

Inicialmente se deve partir da norma de escalão mais baixo do Direito Internacional, a decisão de um tribunal internacional. Ao questionamento da razão pela qual esta decisão tem validade, responde-se que há um tratado que constitui este tribunal. Se for questionada a validade deste tratado, chega-se à uma norma de Direito Internacional geral que obriga que os Estados se conduzam de acordo com o que foi estabelecido no tratado (a expressão pacta sunt servanda). O Direito Internacional geral (como será visto adiante) é criado por meio do costume constituído pelos atos dos Estados. A norma fundamental do Direito Internacional, portanto, deve ser pensada como uma norma que aprove o costume como fato criador das normas[225].

Desse modo, o Direito internacional consuetudinário é válido com base em tal norma fundamental e constitui o primeiro estágio no escalão da ordem internacional. O segundo estágio é formado pelas normas provenientes de tratados internacionais, o Direito internacional convencional. Por fim, o terceiro estágio é formado

---

[223] KELSEN, Hans. *Princípios do Direito Internacional.* Tradução de Ulrich Dressel e Gilmar Antonio Bedin. Ijuí: Ed. Unijuí, 2010, p. 377-378.
[224] KELSEN, Hans. *Princípios do Direito Internacional.* Tradução de Ulrich Dressel e Gilmar Antonio Bedin. Ijuí: Ed. Unijuí, 2010, p. 377.
[225] KELSEN, Hans. *Teoria Geral do Direito e do Estado.* Trad. Luiz Carlos Borges. São Paulo: Martins Fontes, 2005, p. 525.

LEVANDO KELSEN A SÉRIO

por normas criadas por órgãos criados por tratados internacionais, tais como as decisões de um tribunal internacional.

Os dois métodos principais de criação do Direito Internacional (ou seja, as duas principais fontes) são os costumes e os tratados, o que gera uma ordem internacional composta por normas criadas costumeiramente, o Direito Internacional consuetudinário (*Gewohnheitsvölkerrecht*), e por normas criadas por meio de tratados, o Direito Internacional pactício ou convencional (*Vertragsvölkerrecht*).

Antes de prosseguir, porém, é importante esclarecer também uma diferenciação feita por Kelsen entre normas do próprio Direito Internacional. Em relação à amplitude, Kelsen o divide em Direito Internacional geral (*allgemeine Völkerrecht*) e Direito Internacional particular (*partikulären Völkerrechts* – que poderia também ser traduzido como Direito Internacional específico).

O Direito Internacional geral se refere às normas cuja criação e a aplicação do Direito estão inteiramente a cargo dos Estados. Por se reger pelo princípio da autotutela e ser altamente descentralizado, neste aspecto é também um Direito primitivo[226]. O Direito Internacional particular, por sua vez, é criado por meio de tratado internacional. Possui um grau maior de centralização (mas ainda é descentralizado em comparação ao Direito Nacional) e é considerado também como estabelecedor de ordens parciais vigente territorialmente para os Estados que forem parte em um tratado[227].

Na segunda edição de *Teoria Pura do Direito* esta questão parece ser resolvida: sempre que Kelsen menciona o Direito Internacional geral ou é acompanhado também do adjetivo consuetudinário ou no contexto dá a entender que não se trata de Direito criado por tratados.

O costume, como expressão do Direito Internacional geral, é a fonte superior de Direito Internacional positivo. Veja-se: a norma fundamental do Direito Internacional não é posta, é pressuposta. Portanto, representa o pressuposto pelo qual o Direito Internacional

---

[226] KELSEN, Hans. *Teoria Geral do Direito e do Estado*. Trad. Luiz Carlos Borges. São Paulo: Martins Fontes, 2005, p. 466.
[227] KELSEN, Hans. *Teoria Geral do Direito e do Estado*. Trad. Luiz Carlos Borges. São Paulo: Martins Fontes, 2005, p. 485.

91

geral é considerado como uma ordem composta por normas jurídicas que, por sua vez, regulam o comportamento dos Estados. Tais normas de Direito Internacional geral, "são criadas pela via de um costume que é constituído pela conduta efetiva dos Estados, isto é, pela conduta dos indivíduos que, de acordo com as ordens jurídicas estaduais, funcionam como governos"[228].

O costume, nesse sentido, somente pode ser pensado como uma norma que vincula a conduta dos Estados se for pressuposto que há uma norma fundamental que o institui como fato produtor do Direito. O teor desta norma fundamental, segundo a versão da segunda edição de *Teoria Pura do Direito*, é: "os Estados, quer dizer, os governos dos Estados, devem conduzir-se nas suas relações mútuas em harmonia com um dado costume dos Estados[229]"; ou então: " a coação de um Estado contra outro deve ser exercida sob os pressupostos e pela forma correspondentes a um dado costume dos Estados"[230].

Entre tais costumes, está o que confere poder aos Estado de celebrarem tratados internacionais e, assim, regular suas ações entre si. Tal norma é geralmente expressa como o princípio *pacta sunt servanda* e nela está o fundamento de vigência de qualquer tratado internacional[231]. Uma vez que o *pacta sunt servanda* é a fonte de validade dos tratados, o Direito Internacional convencional (ou pactício) é inferior hierarquicamente ao Direito Internacional consuetudinário[232].

No Direito Internacional "o costume é o curso usual ou habitual de uma ação, uma prática há muito estabelecida; nas relações internacionais, o costume é uma prática de Estados de longa data"[233].

---

[228] KELSEN, Hans. *Teoria Pura do Direito*. Trad. João Baptista Machado. São Paulo: Martins Fontes, 2006, p. 240.

[229] KELSEN, Hans. *Teoria Pura do Direito*. Trad. João Baptista Machado. São Paulo: Martins Fontes, 2006, p. 241.

[230] KELSEN, Hans. *Teoria Pura do Direito*. Trad. João Baptista Machado. São Paulo: Martins Fontes, 2006, p. 241.

[231] KELSEN, Hans. *Teoria Pura do Direito*. Trad. João Baptista Machado. São Paulo: Martins Fontes, 2006, p. 241.

[232] KELSEN, Hans. *Princípios do Direito Internacional.* Tradução de Ulrich Dressel e Gilmar Antonio Bedin. Ijuí: Ed. Unijuí, 2010, p. 389.

[233] KELSEN, Hans. *Princípios do Direito Internacional.* Tradução de Ulrich Dressel e Gilmar Antonio Bedin. Ijuí: Ed. Unijuí, 2010, p. 380.

São dois elementos que permitem reconhecer a formação de costume: (i) a frequência da conduta; (ii) a percepção de que tal conduta seja obrigatória. O costume como fonte constitutiva do Direito, diferente de outras explicações que o denominam como mera declaração, pode ser compreendido cientificamente[234].

Kelsen exemplifica que tanto o costume enquanto *Volksgeist*, conforme a doutrina da Escola Histórica do Século XIX, quanto visto como *solidarité sociale*, de acordo com a jurisprudência sociológica francesa, são similares ao jusnaturalismo[235]. Em termos gerais, o jusnaturalismo reconhece um Direito positivo acima do Direito positivo (consuetudinário ou convencional) que pode ser deduzido da natureza (das coisas, do ser humano ou ainda da sociedade). Esta doutrina, diz Kelsen, "se baseia na ilusão da possiblidade de obter de nossa compreensão da natureza, ou seja, de nosso conhecimento de fatos, um conhecimento do que é certo e do que é errado. É uma falácia lógica inferir a partir daquilo que é o que deve ser"[236]. As normas de Direito Natural, assim, não são mais do que variam conforme as convicções morais e políticas de um autor jusnaturalista.

O costume, nesse raciocínio, também não pode ser compreendido como uma criação do consentimento comum dos Estados. Um novo Estado criado já é inserido em um cenário normativo, que o obrigará independentemente de seu consentimento. Do mesmo modo, a explicação de que haveria um contrato social em Direito Internacional é inócua[237]. Esta é uma discussão que remete novamente à diferença (e relação) entre validade e eficácia.

Como amplamente dito na obra de Kelsen, a eficácia

---

[234] KELSEN, Hans. *Princípios do Direito Internacional*. Tradução de Ulrich Dressel e Gilmar Antonio Bedin. Ijuí: Ed. Unijuí, 2010, p. 383.

[235] KELSEN, Hans. *Princípios do Direito Internacional*. Tradução de Ulrich Dressel e Gilmar Antonio Bedin. Ijuí: Ed. Unijuí, 2010, p. 383.

[236] KELSEN, Hans. *Princípios do Direito Internacional*. Tradução de Ulrich Dressel e Gilmar Antonio Bedin. Ijuí: Ed. Unijuí, 2010, p. 383.

[237] "O papel essencial dessa teoria é sustentar o princípio de que um Estado pode ser obrigado apenas por vontade própria e, assim, por intermédio de seu próprio consenso, às normas que regulam sua conduta. Nesse sentido, a teoria sustenta o dogma da soberania do Estado" (KELSEN, Hans. *Princípios do Direito Internacional*. Tradução de Ulrich Dressel e Gilmar Antonio Bedin. Ijuí: Ed. Unijuí, 2010, p. 391).

(*Wirksamkeit*) é condição de validade (*Geltung*) do Direito, inclusive o Direito Internacional. Todavia, não se confunde a eficácia com a validade. Tampouco é possível dizer que a validade do Direito é independente de sua eficácia. Neste sentido, do mesmo modo que a norma jurídica não se confunde com o ato que a torna positiva, a validade da ordem do dever-ser não se confunde com a ordem do ser. A eficácia é condição de validade da ordem jurídica tanto como um todo quanto para uma única norma[238] e só adquire relevo na perspectiva de uma teoria dinâmica do Direito[239].

A eficácia no Direito Internacional não se confunde com o princípio da efetividade (*Prinzip der Effektivität*, também chamado de *Effektivitätsprinzip*). É preciso esclarecer isso também por ser igualmente importante para compreender a questão do Direito Internacional geral tratada neste tópico, bem como as dimensões de validade. O princípio da efetividade é uma norma de Direito Internacional positivo e determina a delimitação dos domínios territorial, pessoal e temporal de validade dos Estados (ordens jurídicas nacionais), bem como o fundamento de validade destes domínios. A efetividade, neste sentido, reafirma a primazia da ordem jurídica internacional[240].

O princípio da efetividade, na teoria jurídica de Kelsen, serve também como um limitador do princípio da legitimidade (*Legitimitätsprinzip*), segundo o qual a norma somente deve ser posta pelo órgão que recebe poder de uma norma superior. Essa noção é altamente relevante para o Direito Internacional também. Segundo Kelsen, este princípio da legitimidade diz que "a norma de uma ordem jurídica é válida até sua validade terminar por um modo determinado através desta mesma ordem jurídica, ou até ser substituída pela validade de uma outra norma desta ordem jurídica"[241]. Esta questão repercute diretamente no domínio de

---

[238] KELSEN, Hans. *Teoria Pura do Direito*. Trad. João Baptista Machado. São Paulo: Martins Fontes, 2006, p. 235-238.
[239] KELSEN, Hans. *Teoria Geral do Direito e do Estado*. Trad. Luiz Carlos Borges. São Paulo: Martins Fontes, 2005, p. 58.
[240] KELSEN, Hans. *Teoria Pura do Direito*. Trad. João Baptista Machado. São Paulo: Martins Fontes, 2006, p. 374.
[241] KELSEN, Hans. *Teoria Pura do Direito*. Trad. João Baptista Machado. São Paulo: Martins Fontes, 2006, p. 233.

validade dos Estados.

4.4 Os domínios de validade do Direito Internacional

Assim como os Estados, a ordem jurídica internacional possui os quatro domínios de validade: territorial, temporal, pessoal e material. Diferentemente dos Estados, o Direito Internacional não possui normas que limitam sua validade. A função essencial do Direito Internacional é limitar os domínios de validade das ordens jurídicas nacionais[242], ou seja, delimitar qual o alcance dos quatro domínios de validade de cada Estado.

Os domínios temporal e territorial do Direito Internacional são de mais simples compreensão.

Em relação ao domínio temporal, não há limitador em normas do Direito Internacional geral que determina limitações à sua validade permanente. Não há razões defensáveis para afirmar que houve um tempo no qual não havia o Direito Internacional. Isso é uma questão interessante afirmada por Kelsen. O Direito Internacional, em tese, não tem normas proibitivas de retroatividade para situações pretéritas[243]. Ainda que isso seja estabelecido por tratado internacional, o tratado pode deixar de ter vigência.

Não significa dizer, porém, que o Direito Internacional tenha normas com validade permanente. O Direito Internacional, enquanto Direito positivo, sofre modificações no decorrer do tempo. Todavia, não importando o conteúdo, o Direito Internacional geral não tem tais limitações temporais. Por outro lado, o Direito Internacional particular o tem, uma vez que determinados tratados podem ser extintos e, portanto, suas diretrizes e órgãos deixar de ter validade.

O domínio territorial também, em tese, não tem limitadores no

---

242 KELSEN, Hans. *Princípios do Direito Internacional.* Tradução de Ulrich Dressel e Gilmar Antonio Bedin. Ijuí: Ed. Unijuí, 2010, p. 136.
243 KELSEN, Hans. *Princípios do Direito Internacional.* Tradução de Ulrich Dressel e Gilmar Antonio Bedin. Ijuí: Ed. Unijuí, 2010, p. 138.

Direito Internacional geral. O Direito Internacional particular, oriundo de convenções, tem vigência, contudo, sobre os territórios pertencentes aos Estados signatários.

Os domínios pessoal e material se referem mais especificamente aos Estados. Enquanto ordem sem limitações quanto aos sujeitos e conteúdos a serem regulados, o Direito Internacional pode impor deveres e obrigações aos Estados.

Assim como os seres humanos, na condição de indivíduos, são sujeitos do Direito Nacional, os Estados, em relação ao Direito Internacional, são igualmente indivíduos[244]. Em razão do conceito de pessoa jurídica na teoria kelseniana, que cumpre uma função de simplificar a descrição dos fenômenos jurídicos, Kelsen entende ser insustentável a posição da doutrina até então tradicional que entendia que apenas os Estados, e não os indivíduos, podem ser sujeitos de Direito Internacional[245].

Já foi estudado no Capítulo 3 que o Estado é uma ordem centralizada e esta é uma distinção em relação ao Direito Internacional. O Estado no plano exterior é atuante em relação aos seus pares. Uma vez que o Estado não é uma pessoa física, é compreendido como pessoa jurídica, no sentido de personificação de uma ordem social. Esta ordem social é coercitiva, uma vez que sua eficácia depende de sanções organizadas, portanto, o Estado é uma ordem jurídica. Assim, o Estado, visto como pessoa jurídica, é a personificação de uma ordem jurídica.

Por sua vez, o domínio material do Direito Internacional também é ilimitado. Suas normas podem versar sobre quaisquer assuntos que normalmente são regulamentadas pelo Direito Nacional[246]. Esta questão remete, por sua vez, a outro problema: a possibilidade de separação de domínio material entre o Direito Nacional e o Internacional, ou seja, se há assuntos que somente podem ser

---

[244] KELSEN, Hans. *Princípios do Direito Internacional*. Tradução de Ulrich Dressel e Gilmar Antonio Bedin. Ijuí: Ed. Unijuí, 2010, p. 141.
[245] KELSEN, Hans. *Princípios do Direito Internacional*. Tradução de Ulrich Dressel e Gilmar Antonio Bedin. Ijuí: Ed. Unijuí, 2010, p. 143.
[246] KELSEN, Hans. *Princípios do Direito Internacional*. Tradução de Ulrich Dressel e Gilmar Antonio Bedin. Ijuí: Ed. Unijuí, 2010, p. 249.

regulados por normas nacionais ou por normas internacionais.

Dizer que um assunto pode ser regulado pelo Direito Internacional, no sentido de que se possa estabelecer uma obrigação comportamental, "significa que esse assunto pode ser postulado por uma norma de Direito Internacional consuetudinário ou convencional, ou pela decisão de um órgão internacional, particularmente um tribunal internacional"[247]. Por sua vez, um assunto regulado pelo Direito Nacional significa que a obrigação pode ser estabelecida por meio da legislação, costume ou por decisões judiciais, mas não por decisões de órgãos internacionais.

Entende Kelsen que não há assuntos, em razão de sua própria natureza, que pertençam exclusivamente aos Estados e que não possam ser regulados pelo Direito Internacional[248]. Todavia, no sentido de aplicabilidade das normas internacionais no ordenamento nacional, é preciso distinguir entre tais normas as que são incorporadas das que são transformadas em Direito Nacional. Isto dependerá da previsão normativa dos Estados.

A transformação consiste em transformação do conteúdo da norma internacional em norma nacional por meio de legislação ou mesmo decreto. Ainda que não seja necessária do ponto de vista do Direito Internacional (já que um Estado não pode invocar o fato de não ter transformado certo conteúdo em norma interna para se escusar de violações provocadas por tal ausência), a transformação pode ser necessária sim pelo Direito Nacional. Uma vez que os Estados têm a obrigação de transformar o Direito Internacional em Nacional, não há outra coisa sequer o mero cumprimento de compromisso. Além disso, Constituições podem conter regra de que normas internacionais sejam parte do Direito Nacional, como faz a Lei Fundamental de Bonn, em seu art. 25.

---

[247] KELSEN, Hans. *Princípios do Direito Internacional*. Tradução de Ulrich Dressel e Gilmar Antonio Bedin. Ijuí: Ed. Unijuí, 2010, p. 249.

[248] Kelsen exemplifica alguns destes assuntos: "assuntos constitucionais como a forma de governo, a aquisição e perda de nacionalidade, questões trabalhistas, todo o domínio da política social, questões religiosas, imigração e questões alfandegárias, questões do código penal e de procedimentos penais, questões de Direito Civil e processualística civil". (KELSEN, Hans. *Princípios do Direito Internacional*. Tradução de Ulrich Dressel e Gilmar Antonio Bedin. Ijuí: Ed. Unijuí, 2010, p. 250).

Outro questionamento acerca da afirmação de que qualquer assunto pode ser regulado pelo Direito Internacional se dá com a previsão do art. 2°, § 7°, da Carta da ONU. Tal dispositivo determina ser proibido a intervenção da ONU em assuntos que sejam exclusivamente da jurisdição interna de um Estado, com exceção das medidas coercitivas previstas em seu Capítulo VII, por determinação do Conselho de Segurança.

De fato, pode haver assuntos que habitualmente sejam apenas normatizados por Estados. Isto, porém, não é impedimento para que seja tratado pela ordem internacional. Em caso de litígio entre dois Estados, por exemplo, há duas possiblidades: (i) existe uma norma internacional que determine que o Estado reclamado tenha certa conduta; (ii) não há norma internacional que obrigue o Estado reclamado à alguma conduta; neste caso, a demanda estará sob sua jurisdição.

O assunto, nesse segundo caso, não está no âmbito da jurisdição interna em razão de sua natureza, mas sim porque naquele momento não há nenhuma norma de Direito Internacional que regule o assunto que deu origem ao litígio[249]. Se houver dúvida, porém, acerca da competência de um órgão internacional exercer sua jurisdição sobre algum assunto (como os órgãos da ONU, tais quais o Conselho de Segurança, a Assembleia Geral ou a Corte Internacional de Justiça), o órgão em questão será competente para resolver se o assunto é ou não de domínio de sua jurisdição. Em especial, no caso de uma guerra civil de Estado membro da ONU, é de decisão do Conselho de Segurança se há ou não ameaça à paz e segurança internacionais e, caso haja, as medidas interventivas necessárias[250].

A impossibilidade de diferenciação entre o Direito Nacional e o Internacional pela natureza dos assuntos que podem ser regulamentados, implica na definição do Direito Internacional enquanto procedimento de criação de normas. Deste modo, não é o objeto que define o Direito Internacional; é o modo como suas

---

[249] KELSEN, Hans. *Princípios do Direito Internacional.* Tradução de Ulrich Dressel e Gilmar Antonio Bedin. Ijuí: Ed. Unijuí, 2010, p. 257.
[250] KELSEN, Hans. *Princípios do Direito Internacional.* Tradução de Ulrich Dressel e Gilmar Antonio Bedin. Ijuí: Ed. Unijuí, 2010, p. 260.

normas são criadas, pela colaboração entre dois ou mais Estados, seja no caso do Direito Internacional consuetudinário, seja no caso do convencional[251].

4.5 Direitos humanos no paradigma Nações Unidas

Kelsen faz uma observação acerca dos direitos humanos previstos na Carta das Nações Unidas. De modo mais direto, a conferição de direitos aos indivíduos por meio de um tratado somente pode ser possível com a previsão de que os Estados membros reconheçam a jurisdição de um tribunal que os indivíduos possam ter acesso em caso de violação de tais direitos pelos Estados, bem como a obrigação de cumprir as decisões de tal tribunal, que pode ser tanto nacional quanto internacional[252].

A Carta da ONU prevê o respeito aos direitos humanos em algumas passagens. Após o preâmbulo, o art. 1, § 3º determina como um dos propósitos das Nações Unidas a promoção dos direitos humanos e liberdades fundamentais indistintamente. A Assembleia Geral, dentre outras atribuições, tem a de estudar e fazer recomendações sobre o pleno gozo dos direitos humanos e liberdades fundamentais (art. 13, §1º, "b"). Também há previsões acerca de favorecimento de tais direitos nos arts. 55, "c" e no art. 62, § 2º (esta última, como uma atribuição do Conselho Econômico e Social). Todavia, nenhuma destas previsões constituem obrigações jurídicas dos Estados membros para seus próprios cidadãos com base meramente no respeito aos direitos humanos[253]. Tampouco, tem a Declaração Universal dos Direitos Humanos de 1948 força obrigatória, uma vez que tem mero caráter de obrigação[254]. Todavia, deve ser pensada como um padrão de conquista comum a todas as

---

[251] KELSEN, Hans. *Princípios do Direito Internacional.* Tradução de Ulrich Dressel e Gilmar Antonio Bedin. Ijuí: Ed. Unijuí, 2010, p. 260-261.
[252] KELSEN, Hans. *Princípios do Direito Internacional.* Tradução de Ulrich Dressel e Gilmar Antonio Bedin. Ijuí: Ed. Unijuí, 2010, p. 195.
[253] KELSEN, Hans. *Princípios do Direito Internacional.* Tradução de Ulrich Dressel e Gilmar Antonio Bedin. Ijuí: Ed. Unijuí, 2010, p. 195.
[254] KELSEN, Hans. *Princípios do Direito Internacional.* Tradução de Ulrich Dressel e Gilmar Antonio Bedin. Ijuí: Ed. Unijuí, 2010, p. 196.

nações[255].

De acordo com o que pode ser compreendido acerca da teoria das fontes do Direito Internacional no positivismo jurídico, em especial no normativismo de Kelsen, a proteção aos Direitos Humanos, de modo a obrigar a conduta dos Estados, somente poderia se consolidar com tratados internacionais.

Os Direitos Humanos, nesse sentido, enquanto direitos dos indivíduos, são de importância jurídica somente se obrigações jurídicas correspondentes (de outros indivíduos e especialmente do Estado) são estabelecidas pela legislação do Direito Nacional ou tratados internacionais. A promoção (por medidas progressivas) dos Direitos Humanos, conforme preconiza a Declaração Universal, somente poderá ser realizada com previsão da proteção destes direitos, seja em tratados internacionais, seja pela Constituição dos Estados (sob a forma de Direitos Fundamentais). E tal estabelecimento somente se observa pela emissão normativa, em conformidade com uma teoria das fontes e dirigidas aos indivíduos e órgãos públicos[256].

Nesse sentido, Kelsen propõe duas importantes observações sobre a Declaração Universal. A primeira é diretamente à afirmação de que todos os homens nascem livres e iguais, dotados de razão e consciência, constante no Artigo I. Devido às diferenças entre como os seres humanos são dotados de razão e consciência, a última parte desta afirmação seria sem sentido. Uma vez que se trata de uma declaração teórica, não deveria ser incluída num documento que poderia assumir caráter jurídico ao ser emitido como tratado internacional ou mesmo no âmbito do Direito Nacional. Do mesmo modo, a afirmação de que todos os homens são livres e iguais seria resultante de uma doutrina jusnaturalista e que não é aceita geralmente em todos os lugares[257]. Não é uma crítica ao conteúdo; a

---

[255] KELSEN, Hans. *The Law of the United Nations:* A Critical Analysis of Its Fundamental Problems. London: Stevens & Sons Limited, 1951, p. 39.

[256] KELSEN, Hans. *The Law of the United Nations:* A Critical Analysis of Its Fundamental Problems. London: Stevens & Sons Limited, 1951, p. 39.

[257] KELSEN, Hans. *The Law of the United Nations:* A Critical Analysis of Its Fundamental Problems. London: Stevens & Sons Limited, 1951, p. 40.

crítica diretamente é à técnica de redação da Declaração[258].

A segunda observação diretamente se refere à ausência de previsão de mecanismos jurídicos disponíveis aos cidadãos sem caso de violação a tais direitos. Não há direitos, em sentido jurídico, se o sujeito ao qual o direito se destina não tiver condições de acionar o Estado ou mesmo uma Organização Internacional. Assim, uma declaração no âmbito internacional é praticamente inútil se não houver um órgão jurisdicional ao qual o cidadão que tenha um direito violado possa reclamá-lo[259]. Esta é uma inconsistência que Kelsen via na Carta da ONU como um todo: ela determina a proteção aos Direitos Humanos (é o assunto mais mencionado na Carta), mas não possibilita que os indivíduos apelem para uma corte internacional em caso de violação por parte de seus Estados[260].

Assim, ao considerar uma teoria das fontes do Direito Internacional, a proteção aos direitos humanos somente poderia se tornar obrigatória, de modo pormenorizado, a partir de tratados. Na época em que Kelsen publica *The Law of United Nations* já havia sido realizados tratados com tais temáticas, como a Convenção para a Prevenção e a Repressão do Crime de Genocídio (Paris, 1948[261]).

A respeito de tal convenção, Kelsen observa que, ao estabelecer que os governos têm o dever punir aqueles que cometerem o crime

---

[258] Como expressamente diz Kelsen, "It is not very fortunate that the Declaration of Human Rights starts with a problematical statement and thus places the whole document under the sway of a highly disputed doctrine" (KELSEN, Hans. *The Law of the United Nations:* A Critical Analysis of Its Fundamental Problems. London: Stevens & Sons Limited, 1951, p. 41).

[259] KELSEN, Hans. *The Law of the United Nations:* A Critical Analysis of Its Fundamental Problems. London: Stevens & Sons Limited, 1951, p. 41.

[260] "The Charter does not confer upon individuals the legal possibility of appealing to an international court, especially to the "principal judicial organ" of the United Nations, the International Court of Justice, in case one of the rights or freedoms proclaimed in the Preamble or referred to in the text of the Charter is violated. The Statute of the Court stipulates expressly in Art. 34 that "only states may be parties in cases before the Court." No other subject matter is so often referred to in the Charter as the human rights and freedoms. They were not mentioned at all in the Dumbarton Oaks Pro- posals. Nevertheless, there is, from a strictly legal point of view, no difference between both documents with respect to this subject matter". (KELSEN, Hans. The Preamble of the Charter - A Critical Analysis. *The Journal of Politics*, v.8, n. 2, pp. 134-159, 1946, p.138.).

[261] Promulgada no Brasil por meio do Decreto nº 30.822, de 6 de maio de 1952.

de genocídio, há um comando direto direcionado aos indivíduos que pode ser explicado na seguinte proposição: abstenham-se de realizar ações que constituam tal crime. O genocídio, assim como os outros crimes previstos na Convenção[262], podem ser cometidos tanto por indivíduos enquanto particulares quanto por indivíduos no exercício de um órgão estatal[263].

Todavia, como mesmo admite Kelsen, a possiblidade de um indivíduo enquanto particular cometer genocídio é diminuta. Dos atos previstos como genocídio, previstos no Art. II da Convenção[264], os previstos nas alíneas "c", "d" e "e" somente podem ser realizados com a participação direta do governo de um Estado. Os assassinatos em massa de grupos como judeus e poloneses na Alemanha Nazista foram atos do governo legalmente estabelecido. Por sua vez, os atos que poderiam ser realizados por particulares (alíneas "a" e "b") são geralmente previstos como condutas criminosas passíveis de severa punição em qualquer país[265].

Sob a ótica do normativismo kelseniano, a Convenção avança ao determinar a obrigação que os Estados signatários se abstenham de cometer genocídio (e atos relacionados) e a responsabilidade individual por tais condutas, ainda que no exercício de órgão estatal. De modo mais objetivo, esta Convenção pode conseguir a eficácia (no sentido mesmo de condição de validade) necessária uma vez que estabelece possíveis jurisdições às quais os que violarem os termos da Convenção estarão sujeitos. A Convenção, ainda que em 1948, já

---

[262] O Art. III da Convenção menciona ser passível de punição, além do genocídio (cuja definição para os fins da Convenção está prevista no Art. II), os seguintes atos: associação de pessoas para cometer o genocídio; incitação direta e pública a cometer genocídio; a tentativa de genocídio; a co-autoria no genocídio.

[263] KELSEN, Hans. *The Law of the United Nations:* A Critical Analysis of Its Fundamental Problems. London: Stevens & Sons Limited, 1951, p. 42.

[264] "Art. II Na presente Convenção entende-se por genocídio qualquer dos seguintes atos, cometidos com a intenção de destruir no todo ou em parte, um grupo nacional. étnico, racial ou religioso, como tal: a) matar membros do grupo; b) causar lesão grave à integridade física ou mental de membros do grupo; c) submeter intencionalmente o grupo a condição de existência capazes de ocasionar-lhe a destruição física total ou parcial; d) adotar medidas destinadas a impedir os nascimentos no seio de grupo; e) efetuar a transferência forçada de crianças do grupo para outro grupo".

[265] KELSEN, Hans. *The Law of the United Nations:* A Critical Analysis of Its Fundamental Problems. London: Stevens & Sons Limited, 1951, p. 42.

previa a possibilidade de um Tribunal Penal Internacional, cuja realização de um tratado para seu estabelecimento se deu apenas 50 anos depois com o Estatuto de Roma de 1998[266]. O Estatuto de Roma traz o crime de genocídio previsto em seu Art. 6°, cuja redação é praticamente a mesma do Art. II da Convenção de 1948.

De certo modo, a previsão na Convenção de 1948 acerca da criação de um tribunal internacional com tais propósitos se coaduna com o que Kelsen defendeu sobre a adequação de uma corte em tal âmbito em *A Paz pelo Direito*. Somente um tribunal internacional, tanto em sua base jurídica (criado por um tratado) quanto em sua composição, poderia ser imparcial para julgamento de criminosos de guerra[267]. Além desta característica, um tribunal internacional também possibilita a uniformização das penas e evita o conflito de decisões de cortes nacionais sobre o mesmo assunto[268].

---

[266] O Estatuto de Roma entrou em vigor internacional em 1° de setembro de 2002. No Brasil, foi promulgado pelo Decreto n° 4.388, de 25 de setembro do mesmo ano.

[267] KELSEN, Hans. *A Paz pelo Direito*. Trad. Lenita Ananias do Nascimento. São Paulo: Martins Fontes, 2012, p. 103.

[268] KELSEN, Hans. *A Paz pelo Direito*. Trad. Lenita Ananias do Nascimento. São Paulo: Martins Fontes, 2012, p.104.

BIBLIOGRAFIA

ALEXY, Robert. *Conceito e Validade do Direito*. Trad. Gercélia Mendes. São Paulo: Martins Fontes, 2009.

AUSTIN, John. *The Province of Jurisprudence Determined*. Cambridge: Cambridge University Press, 2007.

BILLIER, Jean-Cassien; MARYIOLI, Aglaé. *História da Filosofia do Direito*. Trad. Maurício de Andrade. Barueri: Manole, 2005

BOBBIO, Norberto. *O positivismo jurídico*. Trad. Márcio Pugliesi. São Paulo: Ícone, 1999.

DIMOULIS, Dimitri. *Positivismo Jurídico*: Teoria da Validade e da Interpretação do Direito. 2 ed. Porto Alegre: Livraria do Advogado, 2018.

DUTRA, Carlos Alberto dos Santos. *Uma flecha no coração de Hans Kelsen*. Brasilândia: Edição do autor, 2009.

EDEL, Geert. The Hypothesis of the Basic Norm: Hans Kelsen and Hermann Cohen. In: PAULSON, Stanley L; PAULSON, Bonnie Litschewski (ed.). *Normativity and Norms*: Critical Perspectives on Kelsenian Themes. Oxford: Clarendon Press, 1998.

EHRLICH, Eugen. *Fundamentos da Sociologia do Direito*. Tradução de

René Ernani Gertz. Brasília: Editora da UnB, 1986.

FERRAZ JUNIOR, Tércio Sampaio. *Introdução ao Estudo do Direito*: Técnica, Decisão, Dominação. 8. ed. São Paulo: Atlas, 2015.

FLEINER-GERSTER, Thomas. *Teoria Geral do Estado*. Trad. Marlene Holzhausen. São Paulo: Martins Fontes, 2006.

GIERKE, Otto von. *Natural Law and the Theory of Society*. Vol I: 1500-1800. Translated by Ernest Barker. London: Cambridge University Press, 1934.

GILISSEN, John. *Introdução Histórica ao Direito*. 7 ed. Trad. Antonio Manuel Hespanha. Lisboa: Fundação Calouste Gulbenkian, 2013.

GOYARD-FABRE, Simone. *Os Princípios Filosóficos do Direito Político Moderno*. Trad.Irene Paternot. São Paulo: Martins Fontes, 1999

HOBBES, Thomas. *Leviatã*. Trad. João Paulo Monteiro et al. São Paulo: Abril Cultural, 1983.

JELLINEK, Georg. *Teoria General del Estado*. Traducción Enrique Figueroa Alfonzo. Ciudad del Mexico: Editorial Iberoamericana, 1997.

KANT, Immanuel. *Crítica da Razão Pura*. Trad. Valério Rohden e Udo Baldur Moosburger. São Paulo: Abril Cultural, 1983.

_____. *Kritik der reinen Vernunft*. Hamburg: Felix Meiner, 1956

KELSEN, Hans. *A Justiça e o Direito Natural*. Trad. João Baptista Machado. Coimbra: Almedina, 2009.

_____. *Allgemeine Staatslehre*. Wien: Österreichische Staatsdruckerei, 1993.

_____. *A Paz pelo Direito*. Trad. Lenita Ananias do Nascimento. São Paulo: Martins Fontes, 2012.

_____. *Autobiografia de Hans Kelsen*. Trad. Gabriel Nogueira Dias e

José Ignácio Coelho Mendes Neto. 5 ed. Rio de Janeiro: Forense Universitária, 2018.

_____. Collective and Individual Responsability in International Law with Particular Regard to the Punishment of War Criminals. *California Law Review*, v. 31, n. 5, pp. 530-571, 1943.

_____. *Hauptprobleme der Staatsrechtslehre*. Tübingen, J.C.B. Mohr, 1960.

_____. Juízo sobre a tese de Umberto Campagnolo. In: KELSEN, Hans; CAMPAGNOLO, Humberto. *Direito Internacional e Estado Soberano*. Organizado por Mario G. Losano. Trad. Marcela Varejão. São Paulo: Martins Fontes, 2002.

_____. *Jurisdição Constitucional*. Trad. Alexandre Krug et al. São Paulo: Martins Fontes, 2013.

_____. Les Rapports de Système entre droit interne et le droit international public. *RCADI*, v. 14, 1926.

_____. On the Basic Norm. *California Law Review*. v.47, n. 1, pp. 107-110, 1959.

_____. *O Problema da Justiça*. Trad. João Baptista Machado. São Paulo: Martins Fontes, 2011.

_____. *Princípios do Direito Internacional*. Tradução de Ulrich Dressel e Gilmar Antonio Bedin. Ijuí: Ed. Unijuí, 2010.

_____. Recent Trends in the Law of the United Nations. *Social Research*, v.18, n.2, pp.135-151, 1951.

_____. *Rechtsgeschichte gegen Rechtsphilosophie*. Wien: Verlag von Julius Springer, 1928.

_____. *Reine Rechtslehre*: Einleitung in die rechtswissenschaftliche Problematik. Studienausgabeder 1. Auflage 1934. Tübingen: Mohr Siebeck, 2008.

_____. *Reine Rechtslehre*. Studienausgabe der 2. Auflage 1960. Tübingen: Mohr Siebeck, 2013.

_____. *Teoría General del Estado*. Trad. Luis Legaz Lacambra. Granada: Editorial Comares, 2002.

_____. *Teoria Geral das Normas*. Trad. José Florentino Duarte. Porto Alegre: Sergio Antonio Fabris Editor, 1986.

_____. *Teoria Geral do Direito e do Estado*. Trad. Luiz Carlos Borges. São Paulo: Martins Fontes, 2005.

_____. *Teoría Pura del Derecho*: Introducción a los problemas de la ciencia jurídica. Trad. Gregorio Robles y Félix F. Sánchez. Madrid: Editorial Trotta S.A, 2011.

_____. *Teoria Pura do Direito*. Trad. João Baptista Machado. São Paulo: Martins Fontes, 2006.

_____. *The Law of the United Nations:* A Critical Analysis of Its Fundamental Problems. London: Stevens & Sons Limited, 1951.

_____. The Preamble of the Charter - A Critical Analysis. *The Journal of Politics*, v.8, n. 2, pp. 134-159, 1946.

_____. The Pure Theory of Law, 'Labandism', and Neo-Kantianism. A Letter to Renato Treves. PAULSON, Stanley L; PAULSON, Bonnie Litschewski (ed.). *Normativity and Norms*: Critical Perspectives on Kelsenian Themes. Oxford: Clarendon Press, 1998.

_____. Was ist juristischer Positivismus? *JuristenZeitung*. 20 Jahrg, Nr 15/16, pp. 465-469, 1965.

_____. Zur Theorie der juristischen Fiktionen. Mit besonderer Berücksichtigung von Vaihingers Philosophie des Als Ob. *Annalen der Philosophie*, 1. Bd, p. 630-658, 1919.

LIMA, Iara Menezes. Escola de Exegese. *Revista Brasileira de Estudos Políticos*. v.97, p.105-122, 2008.

LIZIERO, Leonam Baesso da Silva. O mundo assombrado pelo jusnaturalismo, parte I: o positivismo como uma vela acesa no escuro. In: DANNER, Leno Francisco; OLIVEIRA, Marcus Vinicius Xavier de. *Filosofia do Direito e Contemporaneidade*. Porto Alegre: Editora Fi, 2015.

LOSANO, Mario G. *Sistema e Estrutura no Direito*. Vol.1: Das Origens à Escola Histórica Tradução de Luca Lamberti. São Paulo: Martins Fontes, 2008.

_____. *Sistema e Estrutura no Direito*. Vol.2: O Século XX. Tradução de Luca Lamberti. São Paulo: Martins Fontes, 2010.

PERELMAN, Chaim. *Lógica Jurídica*: a Nova Retórica. Tradução de Virgínia K. Puppi. São Paulo: Martins Fontes, 1998.

SACCO, Rodolfo. *Introdução ao Direito Comparado*. Tradução de Vera de Fradera. São Paulo: RT, 2001.

VAIHINGER, Hans. *The Philosophy of "As if"*: A System of the Theoretical, Practical and Religious Fictions of Mankind. 2 ed. Translated by C.K. Ogden. London: Kegan Paul, Trench, Trubner & CO., Ltd, 1935.

WEBER, Max. *Parlamentarismo e Governo numa Alemanha Reconstruída*. Tradução de Maurício Tragtenberg. São Paulo: Abril Cultural, 1974.